La Ciencia de Hacerse Rico
Wallace Delois Wattles

Prefacio

ESTE LIBRO ES PRAGMÁTICO, NO FILOSOFAL – un manual pragmático, no un tratado de teorías. Fue creado para los hombres y mujeres cuya más apremiante necesidad es el dinero, quienes desean volverse ricos primero y luego filosofar. Es para aquellos que quieren resultados y desean tomar las conclusiones de la ciencia como una base para la acción, sin ahondar en los procedimientos mediante los cuales esas conclusiones fueron obtenidas.

Se espera que el lector ponga las afirmaciones elementales en la fe, al igual que él creyese en las afirmaciones concernientes a una ley de la acción eléctrica si ésta fuese promulgada por un Marconi o un Edison y pusiera toda su fe en ellos; que ellos podrán probar su verdad ante cualquiera al ponerla en acción sin miedo ni duda. Cada hombre o mujer que haga esto, ciertamente se enriquecerá, porque la ciencia aquí aplicada es una ciencia exacta y el fracaso es imposible.

Al escribir este libro he sacrificado todas las otras consideraciones de llaneza y simplicidad de estilo, para que todos puedan entenderlo. El plan de acción contemplado aquí adentro se dedujo de las conclusiones de la filosofía. Ha sido evaluado a fondo y lleva la experiencia suprema del experimento práctico: Sí funciona.

CAPÍTULO 1
El Derecho a Ser Rico

CUALQUIER COSA QUE PUEDA SER DICHA A FAVOR DE LA POBREZA, la verdad está en que no es posible vivir una vida realmente completa y exitosa a menos que uno sea rico. Nadie puede alcanzar su punto más alto en su talento o desarrollo del alma, a menos que esa persona tenga mucho dinero, porque para desplegar el alma y desarrollar el talento, se deben tener muchas cosas para usar, y no se pueden tener esas cosas a menos que se tenga el dinero para comprarlas.

Una persona desarrolla su mente, alma y cuerpo al hacer uso de las cosas, y la sociedad está tan organizada que el hombre debe tener dinero para convertirse en poseedor de las cosas. Así pues, la base de todo avance debe estar en la ciencia de volverse rico.

El objeto de toda la vida es el desarrollo y cada cosa viviente tiene el inalienable derecho a todo el desarrollo que sea capaz de alcanzar.

El derecho de una persona a la vida significa su derecho a tener el uso libre e ilimitado de todas las cosas que sean necesarias para su total desarrollo mental, espiritual y físico, o en otras palabras, su derecho a ser rico.

En este libro, no hablaré de riquezas en una forma figurativa. Ser realmente rico no significa estar satisfecho o contento con poco. Nadie debe estar satisfecho con poco si se puede ser capaz de usar y disfrutar más. El propósito de la naturaleza es el avance y el desarrollo de la vida y todo el mundo debería tener todo lo que pueda contribuir al poder, elegancia, belleza y riquezas de la vida. Estar contento con menos es un pecado.

La persona que posee todo lo que quiere para vivir toda la vida que es capaz de vivir, es rica; y nadie que no tenga mucho dinero puede tener todo lo que desea. La vida ha avanzado mucho y se ha vuelto tan compleja que incluso el hombre o la mujer más común requiere de una gran cantidad de riquezas para vivir de una manera que al menos se aproxime a la plenitud. Cada persona naturalmente desea volverse lo que es capaz de ser. El deseo de materializar las posibilidades innatas es inherente en la naturaleza humana; no podemos hacer nada con el deseo de ser lo que podemos ser. El éxito en la vida está en volverse lo que usted quiere ser. Usted puede volverse lo que quiere ser sólo con el uso de las cosas, y se puede tener el uso libre de las cosas sólo si se es lo suficientemente rico para comprarlas. Entender la ciencia de volverse rico es por lo tanto el conocimiento más esencial de todos.

No hay nada malo con querer volverse rico. El deseo de riquezas es realmente el deseo de una vida más prospera, plena y más abundante – y ese deseo es digno de alabar. La persona que no desee vivir más abundantemente es anormal y también lo es la persona que no desee tener el suficiente dinero para comprar todo lo que quiere.

Hay tres motivos por los cuales vivimos: Vivimos para el cuerpo, para la mente y para el alma. Ninguno de estos es mejor o más santo que el otro; todos son igualmente deseables y ninguno de los tres – cuerpo, mente y alma – puede vivir plenamente si cualquiera de los otros está cortado en vida y expresión plena. No es correcto o noble vivir sólo para el alma y negar la mente y el cuerpo, y está mal vivir para el intelecto y negar cuerpo y alma.

Todos estamos familiarizados con las terribles consecuencias de vivir para el cuerpo y negar la mente y el alma, y vemos que la vida *real* significa la expresión completa de todo lo que una persona puede dar a través del cuerpo, mente y alma. Cualquier cosa que se diga, nadie puede estar realmente feliz o satisfecho a menos que su cuerpo esté viviendo plenamente en cada función, y a menos de que lo mismo sea verdad para su mente y alma. Dondequiera que haya una posibilidad inexpresada o una función no ejecutada, hay un deseo de insatisfacción. El deseo es una posibilidad buscando expresión o una función buscando ejecución.

Una persona no puede vivir plenamente en cuerpo sin una buena alimentación, ropas confortables y un techo cálido, y sin la libertad del trabajo excesivo. El descanso y la recreación también son necesarios para la vida física.

Uno no puede vivir plenamente en mente sin libros y tiempo para estudiarlos, sin la oportunidad de viajar y observar, sin el compañerismo intelectual.

Para vivir plenamente en mente, una persona debe tener recreaciones intelectuales y debe rodearse a sí mismo con todos los objetos de arte y belleza que sea capaz de usar y apreciar.

Para vivir plenamente en alma, una persona debe amar y el amor es negado en su expresión total por la pobreza.

La mayor felicidad de una persona se encuentra en el otorgamiento de beneficios sobre aquellos que ama; el amor encuentra su expresión más natural y espontánea en el dar. El individuo que no tenga nada para dar no puede llenar su lugar como esposo o padre, como ciudadano, o como ser humano. Es en el uso de las cosas materiales que una persona encuentra la vida plena de su cuerpo, desarrolla su mente y despliega su alma. Es, por lo tanto, de suprema importancia que cada individuo sea rico.

Es perfectamente correcto que usted desee ser rico. Si es un hombre o una mujer normal, no puede evitar hacerlo. Es perfectamente correcto que usted deba poner su mejor atención a la ciencia de volverse rico, porque es el más noble y necesario de todos los estudios. Si usted niega este estudio, es derrelicto en su deber con sigo mismo, con Dios y la Humanidad, para que usted pueda darle a Dios y a la Humanidad no mayor servicio que hacer lo máximo de usted.

CAPÍTULO 2
Hay Una Ciencia para Volverse Rico

HAY UNA CIENCIA PARA VOLVERSE RICO, y es una ciencia exacta, como el álgebra o la aritmética. Hay ciertas leyes que gobiernan el proceso de adquirir riquezas, y una vez estas leyes son aprendidas y obedecidas por cualquiera, esa persona se volverá rica con certeza matemática.

La posesión del dinero y la propiedad viene como resultado de hacer las cosas de una manera correcta, y aquellos que hacen las cosas en esta manera – si es a propósito o accidentalmente – se vuelven ricos; mientras que aquellos que no hacen las cosas de la manera correcta – no importa todo lo duro que trabajen o qué tan capaces sean – permanecen pobres.

Es una ley natural que las causas del querer siempre produzcan efectos del querer, y, por lo tanto, cualquier hombre o mujer que aprenda a hacer las cosas de la manera correcta serán ricos infaliblemente.

Que la afirmación de arriba sea cierta, se comprueba con los siguientes hechos:

Volverse rico no es una cuestión del ambiente, porque si así fuera, toda la gente en determinados barrios se volvería rica. La gente de una ciudad entera sería rica, mientras que otros en otra ciudad serían todos pobres, o todos los habitantes de un estado serían acaudalados, mientras que los del estado vecino estarían en la pobreza.

En cualquier parte vemos ricos y pobres viviendo lado a lado, en el mismo ambiente y a menudo comprometidos en las mismas vocaciones. Cuando dos personas están en la misma localidad y en el mismo negocio, y uno se vuelve rico mientras que el otro permanece pobre, se evidencia que volverse rico no es principalmente una cuestión de ambiente. Algunos ambientes pueden ser favorables que otros, pero cuando dos personas en el mismo negocio que están en el mismo barrio y uno se vuelve rico mientras que el otro fracasa, esto indica que volverse rico es el resultado de hacer las cosas de una manera correcta.

Más aún, la habilidad de hacer las cosas de esta manera no se debe solamente a la posesión de talento, muchas personas que tienen gran talento permanecen pobres, mientras que otras que tienen muy poco talento se enriquecen.

Estudiando a la gente que se ha vuelto rica, encontramos que es un grupo promedio en todos los aspectos, que no tienen mayores talentos y habilidades que los que tienen otras personas. Es evidente que ellos no se enriquecen porque tienen talentos y habilidades que otros no tienen, pero sí porque hacen las cosas en la manera correcta.

Volverse rico no es el resultado de ahorrar o economizar. Mucha gente mezquina es pobre, mientras que las personas amplias a menudo se vuelven ricas.

Ni se enriquecen debido a que hacen cosas que otros fracasan en hacer, porque dos personas que están en el mismo negocio frecuentemente hacen exactamente las mismas cosas, y uno se enriquece mientras que el otro permanece pobre y cae en la banca rota.

De todas estas cosas, debemos llegar a la conclusión de que enriquecerse es el resultado de hacer las cosas de una manera correcta.

Si volverse rico es el resultado de hacer las cosas de una manera correcta, y si las causas del querer siempre producen efectos del querer, entonces cualquier hombre o mujer que pueda hacer las cosas de esa forma puede volverse rico, y toda la cuestión se encierra en el dominio de la ciencia exacta.

La pregunta surge aquí en lo concerniente a que si esta cierta forma de hacer las cosas pueda ser tan difícil que sólo unos pocos puedan seguirla. Como hemos visto, esto no puede ser verdad (al punto en que la habilidad natural esté afectada). La gente talentosa se enriquece y los zopencos se enriquecen; la gente intelectualmente brillante se enriquece y la gente muy estúpida se enriquece; la gente físicamente fuerte se enriquece y la gente débil y enfermiza se enriquece.

Algún grado de habilidad para pensar y entender es, por su puesto, esencial, pero a tal grado que la habilidad natural esté afectada, cualquier hombre o mujer que tenga suficiente sentido para leer y entender estas palabras puede volver rico.

Igualmente, hemos visto que no es una cuestión de ambiente. Sí, la locación cuenta. Uno no puede irse al corazón del Sahara y esperar montar un negocio exitoso.

Enriquecerse involucra la necesidad de lidiar con la gente y de estar donde haya gente con quien lidiar, y si esta gente está inclinada a lidiar en la forma en que usted quiere lidiar, muchísimo mejor. Pero eso es sólo lo concerniente al ambiente. Si alguien más en su ciudad puede enriquecerse, usted también puede hacerlo, y si alguien más en su estado puede enriquecerse, usted también puede.

No es una cuestión de escoger un negocio o una profesión en particular. La gente puede volverse rica en cada negocio y en cada profesión, mientras que el vecino de al lado en la misma vocación permanece pobre.

Es verdad que usted dará lo mejor de sí mismo si el negocio le agrada y compagina con usted. Y si usted tiene ciertos talentos que están bien desarrollados, le irá mejor en un negocio que involucre el ejercicio de esos talentos.

Igualmente, le irá mejor si su negocio va de acuerdo a su localidad: Una heladería tendría más éxito en un clima cálido que en Groenlandia, y una pescadería de salmón le irá mejor en el noreste que en la Florida, donde no hay salmón.

Pero aparte de estas limitaciones generales, volverse rico no depende de su compromiso en algún negocio en particular, sino en el aprendizaje de hacer las cosas de una manera correcta. Si usted tiene ahora un negocio y cualquiera en su localidad se está volviendo rico en el mismo negocio, pero usted *no*, simplemente es porque usted no está haciendo las cosas de la misma manera que las otras personas las están haciendo.

Nadie está impedido para volverse rico por la falta de capital. Es verdad, cuando usted adquiere capital el incremento se vuelve más fácil y rápido, pero alguien que tenga capital ya es rico y no necesita considerar el cómo enriquecerse. No importa que tan pobre sea, si usted comienza a hacer las cosas en la manera exacta, empezará a volverse rico y a tener capital. La obtención del capital es una parte del proceso de enriquecerse y es una parte del resultado que sigue invariablemente el hacer las cosas de la manera correcta.

Usted puede ser la persona más pobre en el continente y estar terriblemente endeudado. Puede no tener ningún amigo, influencia, ni recursos, pero si usted comienza a hacer las cosas en esta forma, debe empezar infaliblemente a volverse rico, porque las causas del querer *deben* producir efectos del querer. Si usted no tiene capital, puede obtenerlo. Si usted esta en el negocio equivocado, puede incursionar en el correcto. Si usted está en la localidad equivocada, puede irse a la correcta.

Y usted puede hacer todo esto comenzando en su presente negocio y en su presente localidad a hacer las cosas de la manera correcta la cual siempre produce éxito. Debe empezar a vivir en armonía con las leyes que gobiernan el universo.

CAPÍTULO 3
¿Está Monopolizada la Oportunidad?

NINGUNO SE MANTIENE POBRE PORQUE OTROS TIENEN MONOPOLIZADA LA RIQUEZA y han puesto una cerca alrededor de ésta. Usted puede cerrarse a no comprometerse con negocios en ciertas líneas, pero hay otros canales abiertos a usted.

En diferentes periodos la marea de la oportunidad se fija en diferentes direcciones, de acuerdo a las necesidades del estado global y del particular de la evolución social que haya sido alcanzada. Hay abundancia de oportunidades para la persona que vaya con la corriente, en vez de la que nada en contra de ella.

Así pues, los trabajadores, ya sean individuos o como clase, no están privados de oportunidades. No están siendo atados por sus jefes; no están siendo castigados por los consorcios y grandes empresas. Como clase, ellos están donde están porque no hacen las cosas de la forma correcta.

La clase trabajadora puede volverse la clase maestra cuando empiece a hacer las cosas de una manera correcta. La ley de la riqueza es la misma para ellos como para los otros. Deben aprender y permanecerán donde están a menos que continúen haciendo las cosas como las han hecho. El trabajador individual, sin embargo, no está restringido por la ignorancia de una clase entera con respecto a estas leyes; él puede ir con la corriente de las oportunidades de la riqueza y este libro le dirá cómo.

Nadie se mantiene en la pobreza por una escasez en el suministro de las riquezas; hay más que suficiente para todos. Un palacio tan grande como el capitolio en Washington puede ser construido para cada familia de la tierra solamente del material edificador de los Estados Unidos; y bajo un cultivo intenso, este país produciría la suficiente lana, algodón, lino y seda para vestir a cada persona del mundo de una manera más fina que lo que Salomón pudiese vestir en toda su gloria, junto con el alimento suficiente para alimentarlos a todos ellos de una forma lujosa.

El suministro visible es prácticamente inagotable, y *realmente* lo es.

Todo lo que usted ve en la tierra está hecho de una sustancia original, de la cual todas las cosas proceden. Nuevas formas están siendo continuamente creadas y las antiguas se están disolviendo, pero todas son formas asumidas por una sola cosa.

No hay límite para el suministro del material amorfo o sustancia original. El universo está hecho de ésta, pero no fue utilizada completamente en la creación del mismo. Los espacios dentro, entre y en medio de las formas del universo visible están impregnados y llenos de la sustancia original, del material amorfo – de la materia prima de todas las cosas. Diez mil veces más como se ha hecho hasta ahora podría aún hacerse e incluso, no se agotaría el suministro de la materia prima universal.

Ninguno, por consiguiente, es pobre porque la naturaleza es pobre o porque no hay lo suficiente para circular.

La naturaleza es un almacén inagotable de riquezas; el suministro nunca se acabará. La sustancia original está llena de energía creativa y está produciendo constantemente nuevas formas. Cuando el suministro del material edificador está agotado, más será producido. Cuando la tierra está agotada para producir alimentos y materiales para la ropa, ésta será renovada o más tierra será creada. Cuando todo el oro y la plata hayan sido sacados de la tierra, y si la humanidad está en tal grado de desarrollo social que ésta llegara a necesitar oro y plata, más será producido de lo amorfo. El material amorfo responde a las necesidades de la humanidad; no dejará que el mundo esté sin nada bueno.

Es verdad lo del hombre *colectivamente*. La raza en conjunto es siempre abundantemente rica, y si los individuos son pobres es porque no siguen la forma correcta de hacer las cosas que hace al individuo rico.

La materia amorfa es inteligente; es materia que piensa. Está viva y siempre impulsada a más vida.

Es el impulso natural e inherente de la vida el buscar vivir más; es la naturaleza de la inteligencia el magnificarse a sí misma, y el de la conciencia el expandir sus fronteras y encontrar la expresión plena. El universo de formas ha sido creado de la materialización de la forma amorfa y viviente, para expresarse a sí misma más plenamente.

El universo es una gran presencia viviente, siempre moviéndose inherentemente hacia más vida y funcionamiento pleno.

La naturaleza está creada para el avance de la vida y es su motivo urgente el incremento de la misma. Por esto, todo lo que pueda posiblemente proporcionar vida es generosamente facilitado. No puede haber escasez a menos que Dios se contradiga a sí mismo y anule su propia creación.

Usted no es pobre por la escasez en el suministro de riquezas. Es un hecho que demostraré más adelante, incluso que los recursos del suministro amorfo están a la orden del hombre o la mujer que actúe y piense de una forma correcta.

CAPÍTULO 4
El Primer Principio de la Ciencia de Volverse Rico

EL PENSAMIENTO ES EL ÚNICO PODER QUE PUEDE PRODUCIR RIQUEZAS TANGIBLES de la sustancia amorfa.

La materia de la cual están hechas todas las cosas es una sustancia que piensa, y un pensamiento de creación en esta sustancia produce la forma.

La sustancia original se mueve de acuerdo a los pensamientos; cada forma y proceso que vea en la naturaleza es la expresión visible de un pensamiento en la sustancia original. Cuando la materia amorfa piensa, ésta toma esa forma; cuando piensa en movimiento, ésta hace movimiento. Esa es la manera en que todas las cosas son creadas. Vivimos en un mundo pensado, el cual es parte de un universo pensado. El pensamiento de un universo en movimiento extendido por toda la sustancia amorfa y la materia pensante – moviéndose de acuerdo a ese pensamiento – toma la forma de los sistemas de planetas y mantiene esa forma. La sustancia pensante toma la forma del pensamiento propio y se mueve de acuerdo a ese pensamiento.

Tener la idea de un sistema circunvalar de soles y mundos, toma la forma de estos cuerpos y los mueve de acuerdo al pensamiento. Pensar en la creación de un árbol de roble que crece lentamente, hace que la materia se mueva apropiadamente y produzca el árbol, aunque se requieran siglos para hacer ese trabajo. Al crear, lo amorfo parece moverse de acuerdo a las líneas de movimiento que se han establecido. En otras palabras, el pensamiento de un árbol de roble no causa la formación instantánea de un árbol total mente formado, pero sí comienzan a moverse las fuerzas que generarán ese árbol a lo largo de líneas establecidas de crecimiento.

Cada pensamiento de formación, guardado en la sustancia pensante, causa la creación de la forma, pero siempre, o al menos generalmente, a lo largo de líneas de crecimiento y acción ya establecidas.

El pensamiento de una casa tiene cierta construcción, si ésta fuese impresa en la sustancia amorfa, no se causaría la formación instantánea de la casa, pero sí causaría el giro de fuerzas creativas que ya están trabajando en el mercado y el comercio dentro de canales, dando como resultado la rápida construcción de la casa. Y si no hubiese canales existentes a través de los cuales la energía creativa pudiese trabajar, entonces la casa sería formada directamente de la sustancia primitiva, sin esperar los lentos procesos del mundo orgánico e inorgánico.

Ningún pensamiento de formación puede ser impreso en la sustancia original sin causar la creación de la forma.

Una persona es un centro pensante y puede originar pensamiento. Todas las formas que una persona diseña con sus manos deben primero existir en su pensamiento. Él no puede moldear una cosa hasta que no la haya *pensado*.

Hasta ahora, la humanidad ha confinado sus esfuerzos al trabajo de sus manos, aplicando labor manual al mundo de formas y buscando cambiar o modificar aquellas que ya existen. La humanidad nunca ha pensado en tratar de causar la creación de nuevas formas al imprimir el pensamiento en la sustancia amorfa.

Cuando una persona tiene un pensamiento de creación, ésta toma el material de las formas de la naturaleza y hace una imagen de la forma que está en su mente. La gente ha hecho, hasta ahora, poco o ningún esfuerzo en cooperar con la inteligencia amorfa – para trabajar "con el Padre". El individuo no ha soñado que él puede "hacer lo que él ve al Padre haciendo". Un individuo re-moldea y modifica las formas existentes con el trabajo manual y no le ha dado importancia a la pregunta de que si él puede producir cosas de la sustancia amorfa al comunicar sus pensamientos a ésta.

Proponemos probar que él puede hacer eso – probar que *cualquier* hombre o mujer puede hacerlo – y mostrarle cómo. En cuanto a nuestro primer paso, debemos fijar tres proposiciones fundamentales.

Primera, sostenemos que hay una materia o sustancia amorfa original de la cual se hacen todas las cosas. Todos los muchos elementos similares no son más que presentaciones diferentes de un elemento. Todas las formas encontradas en la naturaleza orgánica e inorgánica no son más que formas diferentes hechas de la misma materia. Y esta materia es materia pensante – *un pensamiento guardado en ella produce la forma del pensamiento*. El pensamiento, en la sustancia pensante, produce formas. Un humano es un centro pensante, capaz de pensamiento original. Si una persona puede comunicar su pensamiento a la sustancia pensante original, puede causar la creación o formación del objeto en el que pensaba. Para resumir esto:

Hay una materia pensante de la cual todas las cosas se hacen y la cual, en su estado original, impregna, penetra y llena los intersticios del universo.

Un pensamiento en esta sustancia produce el objeto que es imaginado por el pensamiento.

Una persona puede formar cosas en su pensamiento y, al imprimir su pensamiento en la sustancia amorfa, puede causar el objeto que pensaba crear.

Se preguntarán si puedo probar estas afirmaciones y sin ahondar en detalles, respondo que sí puedo, con la lógica y la experiencia.

Para razonar desde el fenómeno de la creación y el pensamiento, llego a la sustancia pensante original y única; y para razonar desde esta sustancia, llego al poder personal de causar la formación del objeto en que se estaba pensando.

Y derivado del experimento, encuentro verdadero el razonamiento. Esta es mi prueba irrefutable.

Si la persona que lee este libro se vuelve rica al hacer lo que se le pide hacer, es evidencia de apoyo de mi argumento; pero si cada persona que *haga lo que se le pide hacer* para enriquecerse, es prueba positiva hasta que alguien vaya a través del proceso y fracase. La teoría es verídica hasta que el proceso falle y este proceso no fallará para todos aquellos *que hagan exactamente lo que este libro les pide hacer* para enriquecerse.

He dicho que la gente se vuelve rica al hacer las cosas de la manera correcta y para hacerlo, la gente debe volverse capaz de pensar de la manera correcta.

La forma en que una persona hace las cosas es el resultado directo de la forma en que *piensa* a cerca de las mismas.

Para hacer las cosas en la forma en que usted quiere hacerlas, aprenderá a adquirir la habilidad de pensar en la forma en que usted quiere pensar. Este es el primer paso para volverse rico. Y pensar lo que usted *quiere* pensar es pensar VERDADERAMENTE, sin importar las apariencias.

Cada individuo tiene el poder natural e inherente de pensar lo que quiere pensar, pero se requiere mucho más esfuerzo hacerlo así, que lo que se requiere al pensar cuando se es sugestionado por las apariencias. Pensar de acuerdo a las apariencias es fácil; pensar en forma verdadera a pesar de las apariencias es laborioso y requiere de la utilización de más energía que en cualquier otro trabajo que hagamos.

No hay labor que haga desistir más a la gente que la del pensamiento consecutivo y sostenido. Es el trabajo más difícil del mundo. Es especialmente cierto cuando la verdad es contraria a las apariencias. Cada apariencia en el mundo visible tiende a producir una forma correspondiente en la mente que la observa y esto puede ser prevenido solamente al mantener el pensamiento de la VERDAD.

Mirar las apariencias de la pobreza producirá formas correspondientes en su propia mente a menos que usted se mantenga aferrado a la verdad de que no existe pobreza; sólo hay abundancia.

Pensar en salud cuando se está rodeado de enfermedad o pensar en riqueza cuando se está en el medio de las apariencias de pobreza requiere poder, pero cualquiera que adquiera este poder se vuelve una *mente maestra*. Esa persona puede conquistar el destino y puede hacer lo que quiera.

Este poder puede ser solamente adquirido al aferrarse al hecho básico que está detrás de todas las apariencias, y ese hecho es que hay una sola sustancia creadora de la cual y por la cual todas las cosas están hechas.

Luego tenemos que aferrarnos a la verdad de que cada pensamiento guardado en esta sustancia se vuelve una forma y que el hombre puede así impregnar sus pensamientos en ésta para hacerlos forma y hacerlos visibles.

Cuando nos damos cuenta de esto, desechamos todas nuestras dudas y miedos, porque sabemos que podemos crear lo que queramos, podemos tener lo que queramos tener y podemos ser lo que queramos ser. Como primer paso para enriquecernos, debemos creer las tres afirmaciones fundamentales previamente enunciadas en este capítulo; y para enfatizarlas, las repito de nuevo:

Hay una materia pensante de la cual todas las cosas se hacen y la cual, en su estado original, impregna, penetra y llena los intersticios del universo.

Un pensamiento en esta sustancia produce el objeto que es imaginado por el pensamiento.

Una persona puede formar cosas en sus pensamientos y, al imprimir su pensamiento en la sustancia amorfa, puede causar el objeto que pensaba crear.

Usted debe apartarse de todos los otros conceptos del universo y aceptar esto hasta que se grabe en su mente y se haya vuelto su pensamiento habitual. Lea estas afirmaciones una y otra vez. Fije cada palabra en su memoria y medítelas hasta que usted crea firmemente lo que dicen. Si alguna duda viene hacia usted, apártela. No escuche argumentos en contra de esta idea. No acuda a iglesias o lecturas donde un concepto contrario de las cosas se enseñe o se predique. No lea revistas o libros que enseñen una idea diferente. Si se confunde en su comprensión, credo y fe, todos sus esfuerzos serán en vano.

No pregunte por qué estas cosas son verdad ni especule en cómo pueden ser verdad. Simplemente confíe en ellas. La ciencia de volverse rico comienza con la absoluta aceptación de esto.

CAPÍTULO 5
Incrementando la Vida

USTED DEBE DESHACERSE DEL ÚLTIMO VESTIGIO DE LA VIEJA IDEA de que hay un Dios cuya voluntad es que usted deba ser pobre o cuyos propósitos sean servir manteniéndose en la pobreza.

La sustancia inteligente que es todo y está en todo, y la cual vive en todos y en usted también, es una sustancia conscientemente viva. Siendo una sustancia conscientemente viva, debe tener el deseo natural e inherente de que cada inteligencia viviente incremente la vida. Cada cosa viviente debe buscar continuamente el incremento de su vida, porque la vida, en el mero acto de vivir, debe auto incrementarse.

Una semilla, que cae sobre la tierra, estalla en actividad, y en el acto de la vida produce miles de semillas más; la vida, al vivir, se auto multiplica. Se vuelve eternamente más. Así debe hacerse para que continúe existiendo.

La inteligencia está bajo la misma necesidad de incremento continuo. Cada pensamiento que tenemos hace necesario que tengamos que tener otro pensamiento. El conocimiento está creciendo cada día más. Cada talento que cultivamos nos trae a la mente el deseo de cultivar otro talento; estamos sujetos a la urgencia de vida, buscando expresión, la cual siempre nos lleva a saber más, a hacer más y a ser más.

Para saber más, hacer más y ser más debemos tener más. Debemos tener cosas qué usar, para que podamos aprender, hacer y ser sólo al usarlas. Debemos volvernos ricos para que podamos vivir más.

El deseo de riquezas es simplemente la capacidad de una vida mayor buscando realización. Cada deseo es el esfuerzo de una posibilidad inexpresada por entrar en movimiento. Es el poder buscando manifestarse lo que causa el deseo. Eso que hace que usted quiera más dinero es lo mismo que hace que una planta crezca; es la vida buscando expresión plena.

La única sustancia viviente debe estar sujeta a esta ley inherente de toda vida. Esta impregnada del deseo por vivir más y es ese el por qué está bajo la necesidad de crear cosas. La sustancia única viviente desea vivir dentro y a través suyo. Por consiguiente, ésta quiere que usted tenga todo las cosas que pueda usar.

Es el deseo de Dios que usted sea rico. Él quiere que usted sea rico porque puede expresarse mejor a través suyo si usted tiene todas las cosas para usar dándole expresión. Él puede vivir más dentro de suyo si usted tiene dominio ilimitado de los medios de vida.

El universo desea que usted tenga todo lo que quiera tener.

La naturaleza está de acuerdo con sus planes.

Todo es naturalmente *para* usted.

Es esencial, sin embargo, que su propósito esté armonizado con el propósito que está en todo.

Usted debe desear la vida real, no meramente el placer de la gratificación sensual. La vida es el desempeño de la función y el individuo realmente vive sólo cuando ejecuta cada función – física, mental y espiritual – que es capaz de hacer sin excesos en ninguna.

No desee volverse rico para vivir cochinamente, por la gratificación de los deseos animales. Eso no es vida. Pero la ejecución de cada función física *es* una parte de la vida y nadie vive completamente cuando se le niegan los impulsos al cuerpo de una expresión normal y sana.

No desee volverse rico solamente para disfrutar los placeres mentales, para obtener conocimiento, para gratificar la ambición, para eclipsar a los demás, para ser famoso. Todo esto es una parte legítima de la vida, pero la persona que vive para los placeres del intelecto solamente obtendrá una vida parcial y jamás estará satisfecho con su destino.

No desee volverse rico solamente por el bien de los otros, para perderse usted mismo en la salvación de la humanidad, para experimentar la alegría de la filantropía y del sacrificio. Las alegrías del alma son sólo una parte de la vida y no son mejores ni más nobles que las otras.

Desee volverse rico para que usted pueda comer, beber y casarse cuando sea el momento de hacer estas cosas; para que usted pueda rodearse con cosas hermosas, visitar tierras lejanas, alimentar su mente y desarrollar su intelecto; para que usted pueda amar a los otros y hacer cosas bondadosas, y hacer una buena parte en ayudar al mundo a encontrar la verdad.

Recuerde que el altruismo extremo no es mejor ni más noble que el egoísmo extremo; ambos son erróneos.

Deshágase de la idea de que Dios quiere que usted se sacrifique por otros para que asegure la gracia divina al hacer eso. Dios no le exige nada al hombre.

Lo que Dios quiere es que haga de usted mismo lo mejor, por usted y por los demás. Y que pueda ayudar más a los otros al hacer lo mejor de usted mismo que en cualquier otra forma.

Puede hacer lo mejor de usted mismo solamente al volverse rico, así que está bien y es digno de admirar que usted diera su primer y mejor pensamiento al trabajo de adquirir riqueza.

Sin embargo, recuerde que el deseo de la sustancia es para *todos*, y sus movimientos deben ser hacia más vida para todos. No puede hacérsele trabajar para quitarle vida a cualquiera, porque es equitativa con todos, buscando riquezas y vida.

La sustancia inteligente hará las cosas por usted, pero no le robará las cosas a alguien más para dárselas a usted.

Debe deshacerse de la idea del pensamiento de competencia. Usted va a crear, no a competir por lo que ya está creado.

No tiene que quitarle nada a nadie.

No tiene que regatear nada.

No tiene que engañar o tomar ventaja. No necesita hacer trabajar a alguien por menos de lo que gana.

No tiene que codiciar la propiedad de los demás o mirarla con ojos deseosos. Nadie tiene algo que ningún otro no pueda tener, sin la necesidad de quitar nada.

Usted se va a convertir en creador no en competidor. Usted va a tener lo que quiera, pero de tal manera que cuando lo obtenga, todos los demás que están a su alrededor van a tener más de lo que tienen ahora.

Estoy seguro de que hay muchos que obtienen vastas sumas de dinero procediendo en oposición directa con las afirmaciones del párrafo de arriba, pero quisiera agregar una explicación. Los individuos que se enriquecen por esos medios, lo hacen algunas veces meramente por su extraordinaria habilidad en el plano de la competencia y algunas veces inconscientemente se relacionan con la sustancia en sus grandes propósitos y movimientos para la fortificación general a través de la revolución industrial. Rockefeller, Carnegie, Morgan y *otros*, han sido los agentes inconscientes de lo supremo en el trabajo necesario de sistematizar y organizar la industria productiva, y al final, su trabajo contribuirá inmensamente hacia la vida incrementada de todos. Pero sus días están contados. Han organizado la producción y pronto serán superados por los agentes de la multitud, quienes organizarán la maquinaria de la distribución.

Ellos son como los monstruos reptiles de las áreas prehistóricas. Juegan un rol necesario en el proceso evolutivo, pero el mismo poder que los produjo, dispondrá de ellos. Y está bien tener en cuenta que ellos nunca han sido realmente ricos; un registro de las vidas privadas de la mayoría de esta clase mostrará que han sido más bien viles y arrastrados.

Las riquezas aseguradas en el plano competitivo nunca son satisfactorias y permanentes. Son suyas hoy y mañana de otro. Recuerde que, si usted se va a volver rico en una forma científica y cierta, usted debe salirse *completamente* del pensamiento de competencia. Nunca debe pensar que el abastecimiento es limitado. Tan pronto como empiece a pensar que todo el dinero está siendo acaparado y controlado por otros, y que usted debe ejercer leyes para detener este proceso, y así sucesivamente – en ese momento usted cae en la mente competidora y su poder de causar creación se va por ese momento.

Y lo que es peor, probablemente detenga los movimientos creativos que usted ya ha comenzado.

SEPA que hay incontables millones de dólares representados en oro en las montañas de la tierra, ni siquiera descubiertos. Y sepa que si no los hubiese, se crearía más a partir de la sustancia pensante para satisfacer sus necesidades.

SEPA que el dinero que usted necesita vendrá, incluso, si es necesario que mil hombres sean conducidos a descubrir nuevas minas de oro mañana.

Nunca mire el abastecimiento visible. Mire siempre las riquezas ilimitadas en la sustancia amorfa, y SEPA que van a venir a usted tan rápido como pueda recibirlas y usarlas. Nadie, con acaparar el abastecimiento *visible*, puede evitar que usted reciba lo que es suyo.

Así que nunca se permita pensar por un instante que todos los mejores lugares para construir serán tomados antes de que usted esté listo para construir su casa, a menos que se apure. Nunca se preocupe de las grandes empresas y consorcios, y se asuste porque vendrán pronto a comprarlo todo. Nunca se asuste por pensar que perderá lo que usted desea porque otra persona "se lo va a arrebatar". Eso posiblemente no pasará. Usted no está buscando algo que es propiedad de alguien más; usted está causando lo que quiere que sea *creado* de la sustancia amorfa y del suministro sin límites. Apéguese a la siguiente afirmación:

Hay una materia pensante de la cual todas las cosas se hacen y la cual, en su estado original, impregna, penetra y llena los intersticios del universo.

Un pensamiento en esta sustancia produce el objeto que es imaginado por el pensamiento.

Una persona puede formar cosas en sus pensamientos y, al imprimir su pensamiento en la sustancia amorfa, puede causar el objeto que pensaba crear.

CAPÍTULO 6
Cómo las Riquezas Vienen a Usted

CUANDO DIGO QUE USTED NO TIENE QUE INCITAR AGUDOS CONVENIOS, no quiero decir que no tenga que incitar algún convenio del todo o que esté por encima de la necesidad de tener algún trato con sus asociados. Lo que quiero decir es que usted no necesitará negociar con ellos injustamente. No tiene que obtener algo a cambio de nada, *sino que puede darle a cada persona más de lo que usted se lleva de ellos.*

No puede darle a alguien más en valor monetario de lo que usted toma de él, pero sí puede darle más en *valor de uso* que el valor monetario del objeto que se lleva. El papel, la tinta y los otros materiales en este libro pueden no valer el dinero que se pagó por éste, pero si las ideas sugeridas en él le traen miles de dólares, usted no fue engañado por el que se lo vendió. Le han dado un gran valor de uso a cambio de un pequeño valor monetario.

Supongamos que yo tengo una pintura de uno de los grandes artistas, la cual, en una sociedad desarrollada, vale miles de dólares. La llevo a la Bahía de Baffin y por mi habilidad de vendedor, hago que un residente nativo del lugar me dé un bulto de pieles avaluadas en U$500. Realmente lo he engañado porque él no tiene uso para la pintura. Ésta no tiene valor de uso para él; no le agregará nada a su vida.

Pero supongamos que le doy a alguien un arma avaluada en U$50 a cambio de pieles. Así, él ha hecho un buen negocio. Él le da uso al arma. Ésta le dará muchísimas más pieles y mucha más comida; ésta le agregará a su vida en cualquier forma. Lo hará rico.

Cuando usted se va del plano competitivo al plano creativo, puede escrutar sus transacciones comerciales muy estrictamente, y si está vendiendo cosas que no le agregan más a la vida de alguien que lo que esa persona le da a usted a cambio, puede darse el lujo de detenerse.

Y si usted está en un negocio que afecta a la gente, sálgase inmediatamente de éste.

Déle a todos más en valor de uso de lo que usted se lleva en valor monetario. Así, usted estará agregando más a la vida del mundo en cada transacción comercial.

Si usted tiene gente trabajando para usted, debe tomar de ellos más en valor monetario de lo que usted les paga en salario, pero puede organizar su negocio para que cumpla con el principio del progreso, y así cada empleado que lo desee, puede avanzar un poco cada día.

Usted puede hacer que su negocio haga por sus empleados lo que este libro está haciendo por usted. Puede conducir su negocio para que sea una especie de escalera por la cual cada empleado que esté en problemas pueda escalar hasta las riquezas por él mismo. Y dada la oportunidad, si él no lo logra hacer, no será su culpa.

Y finalmente, sólo porque está a punto de causar la creación de sus riquezas de la sustancia amorfa, la cual impregna todo a su alrededor, ésta no va a crear lo que se quiere de la nada y lo hará aparecer ante sus ojos.

Si usted quiere una máquina de coser, por ejemplo, no intento decirle que deba imprimir el pensamiento de una máquina de coser sobre la sustancia pensante, hasta que la máquina sea formada sin manos, dentro de un cuarto o en cualquier otro lugar. Pero si usted quiere una máquina de coser, mantenga la imagen mental de ésta con la más positiva certeza de que la máquina se está haciendo o que ya viene en camino. Después de formar el pensamiento, tenga la más absoluta e incuestionable fe de que la máquina está por llegar. Nunca piense o hable de ésta en ninguna otra forma diferente a la de estar seguro de que llegará. Afirme que la máquina ya es suya. Ésta será traída a usted por el poder de la suprema inteligencia, actuando sobre las mentes de los hombres.

Si usted vive en Maine, puede ser que una persona venga de Texas o Japón para comprometerse en alguna transacción que resultará en que usted obtenga lo que quiera.

Si es así, todo el asunto será para el beneficio de esa persona como para el suyo.

No olvide que la sustancia pensante está a través de todo, en todos, comunicándose con todos, y puede influenciar a todos. El deseo de la sustancia pensante por una vida más plena y mejor ha causado la creación de todas las máquinas de coser ya hechas, y puede causar la creación de miles más – y lo hará, cuando la gente se ponga en movimiento con el deseo y la fe y con el proceder de la forma correcta.

Usted ciertamente puede tener una máquina de coser en su casa, y es tan cierto como que usted puede tener cualquier otra cosa o cosas que usted quiera y las cuales usará para el progreso de su propia vida y la vida de los demás.

No necesita dudar al pedir en abundancia. "Es el deseo del Padre darles el reino", dijo Jesús.

La sustancia original quiere revivir todo lo que es posible en usted y quiere que tenga todo lo que pueda usar y usará para vivir la vida más abundantemente.

Si usted fija en su conciencia el hecho de que su deseo por tener riquezas es uno con el deseo del supremo poder por una expresión más completa, su fe se vuelve invencible.

Una vez vi a un niño sentado en un piano, tratando vanamente de sacar armonía de sus teclas. Vi que él estaba acongojado y enfadado por su inhabilidad para tocar verdadera música. Le pregunté la causa de su irritación y él me contestó "puedo sentir la música en mí, pero no puedo hacer que mis manos lo hagan bien". La música en él era la URGENCIA de la sustancia original, encerrando todas las posibilidades de toda vida. Todo lo que había de música estaba buscando expresión a través del niño.

Dios, la única sustancia, trata de vivir, hacer y disfrutar las cosas a través de la humanidad. Él dice "Quiero manos para construir hermosas estructuras, tocar armonías divinas, hacer gloriosas pinturas. Quiero pies para hacer mis encargos, ojos para ver mis bellezas, lenguas para decir verdades poderosas y cantar canciones maravillosas" y así sucesivamente.

Todo lo que hay de posibilidad está buscando expresión a través de la gente. Dios quiere a aquellos que puedan tocar música, tener pianos y cualquier otro instrumento y que tengan los medios para cultivar sus talentos a la máxima expresión. Él quiere a aquellos que puedan apreciar la belleza, ser capaces de rodearse a sí mismos de cosas hermosas. Él quiere a aquellos que puedan discernir la verdad, tener cada oportunidad de viajar y observar. Él quiere a aquellos que puedan apreciar un vestido, engalanarse con ropas hermosas y aquellos que puedan degustar la mejor comida que les permita estar lujosamente alimentados.

Él quiere todas estas cosas porque es Él mismo quien las disfruta y aprecia; son su creación. Es Dios quien quiere representar, cantar y disfrutar la belleza y proclamar la verdad; y usar ropas finas y comer buenos alimentos. "Es Dios quien trabaja en ti para desear y hacer" dijo el apóstol Pablo.

El deseo que usted siente por las riquezas es el infinito, buscando expresarse en usted, como buscó expresarse en el niño del piano.

Así que no necesita dudar en pedir en grande. Su tarea está en enfocarse y expresarle ese deseo a Dios.

Este es un tema difícil con la mayoría de la gente. Aún mantienen algo de la vieja idea de que la pobreza y el auto-sacrificio son placenteros para Dios. Ellos siguen la pobreza como si fuera parte del plan, una necesidad de la naturaleza.

Tienen la idea de que Dios ha terminado su trabajo e hizo todo lo que pudo y que la mayoría de la gente debe ser pobre porque no hay suficiente para todos. Se aferran tanto a este erróneo pensamiento que se sienten apenados al pedir riqueza. Tratan de no querer más que una muy modesta capacidad, suficiente para estar apenas cómodamente.

Ahora retomo el caso de un estudiante a quien se le había dicho que tenía que tener en mente una clara idea de las cosas que deseaba, para que el pensamiento creativo de las cosas pudiese ser impreso en la sustancia amorfa. Él era un hombre muy pobre, que vivía en una casa rentada y tenía sólo lo que ganaba del día a día y no podía aferrarse al hecho de que toda la riqueza era suya. Así que después de pensar en el tema, decidió que debía pedir razonablemente una alfombra nueva para el piso de su mejor cuarto y una estufa de carbón para calentar su casa durante el invierno. Siguiendo las instrucciones dadas en este libro, obtuvo estas cosas en unos pocos meses.

Y luego se dio cuenta que no había pedido suficiente.

Caminó por la casa donde vivía y planeó todas las mejoras que le gustaría hacerle. Mentalmente agregó una puerta-ventana por un lado y un nuevo cuarto por el otro hasta que la completó en su mente como su casa ideal y luego planeó su moblaje.

Manteniendo la idea completa en su mente, comenzó a vivir de la manera correcta y moviéndose hacia lo que él quería y ahora él tiene esa casa y la remodeló después de la formación de su imagen mental.

Y ahora, aún con gran fe, va por cosas mejores.

Esto le sucedió a él de acuerdo a su fe, y así pasa con usted – y con todos nosotros.

CAPÍTULO 7
La Gratitud

LOS EJEMPLOS DADOS EN EL ÚLTIMO CAPÍTULO habrán llevado al lector al hecho de que el primer paso para volverse rico es llevar la idea de sus deseos a la sustancia amorfa.

Esto es verdad y verá que para hacerlo así, es necesario relacionarse con la inteligencia amorfa de una forma armoniosa.

Para asegurar esta relación armoniosa, es cuestión de vital y primordial importancia dar lugar a su discusión y darle instrucciones que, si usted las sigue, serán certeras a la hora de llevarlo en perfecta armonía con el poder supremo o Dios.

Todo el proceso de ajuste y armonización mental puede resumirse en una sola palabra: Gratitud.

Primero, debe creer que hay una sustancia inteligente, de la cual todas las cosas proceden. Segundo, crea que esta sustancia le da todo lo que usted desee. Y tercero, asóciese con ésta por medio de un profundo e inmenso sentido de gratitud.

Mucha gente que ordena su vida estrictamente en una u otra forma, son pobres por su falta de gratitud. Al haber recibido un regalo de Dios, cortan el cable que los conecta a Él al fracasar en hacer el reconocimiento.

Es fácil entender que cuanto más cerca vivamos a la fuente de riquezas, más riqueza recibiremos y también es fácil entender que el alma, que es siempre agradecida, vive en contacto más estrecho con Dios que el que nunca lo busca en el reconocimiento de gratitud. Cuanto más fijemos nuestras mentes en la gratitud con lo supremo, cuando las cosas buenas vienen hacia nosotros, más cosas recibiremos y más rápido llegarán a nosotros. Y la razón es simplemente; que la actitud mental de la gratitud hace que la mente esté en estrecho contacto con la fuente de la cual vienen las bendiciones.

Si es nuevo para usted que la idea de que la gratitud hace que la mente esté en estrecha armonía con las energías creativas del universo, considérelo bueno y verá que es verdad. Las cosas buenas que ya tiene han llegado a usted a lo largo de la línea de la obediencia a ciertas leyes. La gratitud guiará su mente a través de la manera en que las cosas vienen y lo mantendrá en estrecha armonía con el pensamiento creativo y evitará que caiga en el pensamiento de competencia.

Sólo la gratitud mantendrá su mirada hacia el todo y evitará que caiga en el error de pensar que el abastecimiento es limitado – y hacer lo que sería fatal para sus esperanzas.

Hay una ley de gratitud y es absolutamente necesario que siga la ley si quiere obtener los resultados que desea. La ley de la gratitud es el principio natural de que la acción y reacción son siempre iguales y en direcciones opuestas.

La expansión grata de su mente en alabanza de agradecimiento con la suprema inteligencia, es una liberación o fuerza de expansión. Puede alcanzar eso que fue destinado y la reacción es un movimiento instantáneo hacia usted.

"Acércate a Dios y Él se acercará a ti". Esa es la afirmación de la verdad psicológica. Y si su gratitud es fuerte y constante, la reacción en la sustancia amorfa será fuerte y constante; el movimiento de las cosas que quiere será siempre hacia usted. Note la actitud agradecida que Jesús tomaba; cómo Él siempre parecía decir "Te agradezco, Padre, que siempre me escuches". No puede ejercer mucho poder sin la gratitud, porque es la gratitud la que nos mantiene conectados con el poder.

Pero el valor de la gratitud no consiste solamente en darle más bendiciones en el futuro. Sin la gratitud no puede evitar el pensamiento descontento concerniente a como son las cosas. En el momento en que usted le permite a su mente residir en la insatisfacción de cómo son las cosas, empieza a perder terreno. Fije su atención en lo común, lo ordinario, lo pobre, lo escuálido y lo malo – y su mente toma la forma de estas cosas. Luego transmitirá estas formas a lo amorfo. Y lo común, lo pobre, lo escuálido y lo malo vendrán a usted.

Permitir que su mente resida en lo inferior es volverse inferior y rodearse de cosas inferiores. Por otro lado, fijar su atención en lo mejor es rodearse de lo mejor, volverse lo mejor. El poder creativo dentro de nosotros nos convierte en la imagen a la cual damos nuestra atención. También estamos hechos de la sustancia pensante y ésta siempre toma la forma de lo que se piensa.

La mente agradecida está constantemente fija en lo mejor. Por lo tanto, tiende a volverse lo mejor. Tome la forma o el carácter de lo mejor y recibirá lo mejor.

La fe también nace de la gratitud. La mente agradecida continuamente espera cosas buenas y la esperanza se vuelve fe. La reacción de la gratitud sobre nuestra mente propia produce fe, y cada onda que sale al agradecer, incrementa la fe. La persona que no tiene sentido de gratitud no puede mantener por mucho tiempo una fe viva, y sin una fe viva no se puede volver rico de la forma creativa, como veremos en los capítulos siguientes.

Es necesario, entonces, cultivar el hábito de ser agradecido por cada cosa buena que va hacia usted y dar las gracias constantemente. Y porque todas estas cosas han contribuido a su avance, debería incluir todas las cosas en su gratitud.

No desperdicie mucho tiempo pensando o hablando de los defectos o malas acciones de los que están al poder. La organización del mundo que ellos han hecho, ha creado su oportunidad; todo lo que tiene realmente viene hacia usted por ellos. No se enfurezca con los políticos corruptos. Si no fuera por los políticos, caeríamos en una anarquía y su oportunidad sería ampliamente aminorada.

Dios ha trabajado por mucho tiempo y muy pacientemente para llevarnos hasta donde estamos en la industria y gobierno, y continuará con su trabajo. No hay la menor duda de que se deshará de los plutócratas, magnates de consorcios, capitanes de industria y políticos tan pronto como sean piadosos, pero mientras tanto, todos ellos son necesarios. Recuerde que ellos están ayudando a arreglar las líneas de transmisión a lo largo de las cuales las riquezas vendrán a usted, y sea agradecido. Esto lo llevará a relaciones armónicas con lo bueno en todos, y lo bueno en todos se moverá hacia usted.

CAPÍTULO 8
PENSANDO DE LA FORMA CORRECTA

REGRÉSESE AL CAPÍTULO 6 Y LEA DE NUEVO la historia del hombre que formó una imagen mental de su casa y tendrá una buena idea del paso inicial hacia el enriquecimiento. Debe formar una imagen clara y definida de lo que quiere. No puede transmitir una idea a menos que la tenga.
Debe tenerla antes de darla y mucha gente fracasa en imprimir la sustancia pensante porque sólo tienen un vago y nublado concepto de las cosas que quieren hacer, tener o ser.
No es suficiente que usted tenga un deseo general de riquezas "para hacer el bien". *Todos* tienen ese deseo.
No es suficiente que tenga el deseo de viajar, ver cosas, vivir más, etc. todos tienen esos deseos también. Si fuera enviar un mensaje a un amigo, no enviaría las letras del alfabeto en orden para que él construya el mensaje por sí mismo, ni tomaría las palabras al azar del diccionario. Debe mandar una frase coherente, una que signifique algo.
Cuando trate de imprimir sus deseos en la sustancia pensante, recuerde que debe hacerlo con una afirmación coherente. Debe conocer lo que quiere y ser *específico* y *exacto*. Nunca se volverá rico o iniciará el poder creativo al enviar anhelos no formados o deseos vagos.

Examine sus deseos como el hombre que describí lo hizo con su casa. Vea lo que quiere y tenga una imagen mental clara de esto como si quisiera verlo hecho realidad.

Esa imagen mental clara debe tenerla continuamente en su mente. Como el marinero tiene en su mente el puerto al cual va a llevar el barco, usted debe mantener su cara hacia la imagen todo el tiempo. No debe perderla de vista.

No es necesario hacer ejercicios de concentración, ni establecer momentos especiales para orar y afirmar, ni "entrar en silencio", ni hacer maniobras ocultas de ninguna clase. Todas esas cosas son lo suficientemente buenas, pero todo lo que necesita es saber lo que quiere y desearlo desesperadamente para que se mantenga en sus pensamientos.

Dedique mucho de su tiempo libre como pueda en contemplar esta imagen. Nadie necesita hacer ejercicios para concentrar su mente en un objeto que realmente desee. Son las cosas que en realidad no le interesan las que requieren esfuerzo para fijar su atención en ellas.

Y a menos que *realmente* quiera volverse rico, el deseo será lo suficientemente fuerte para mantener sus pensamientos dirigidos al propósito como los polos magnéticos mantienen la aguja del compás, que apenas será importante para usted intentar realizar las instrucciones dadas en este libro.

El método aquí expuesto es para la gente cuyo deseo por riquezas es lo suficiente fuerte para sobrepasar la pereza mental y el amor por lo fácil, y hacerlos trabajar.

Cuanto más clara y exacta haga la imagen, y cuanto más resida en ésta, sacando todos sus encantadores detalles, más fuerte será su deseo. Y cuanto más fuerte sea su deseo, más fácil será mantener su mente fija en la imagen de lo que quiere.

Sin embargo, se necesita algo más que meramente mirar la imagen clara. Si eso es todo lo que hace, usted es sólo un soñador, y tendrá poco o nada de poder de realización.

Detrás de su visión clara debe estar el *propósito* de realizarla, de sacarla de la expresión intangible.

Y detrás de este propósito debe estar una FE invencible e inquebrantable de que el objeto ya es suyo, que está "a la mano" y que sólo debe tomarlo.

Viva en una casa nueva, mentalmente, hasta que tome forma físicamente alrededor suyo. En el reino mental, entre inmediatamente en el regocijo pleno de las cosas que quiere. "Todo lo que pidan cuando oren, crean que lo reciben y lo tendrán" dijo Jesús.

Vea todo el tiempo las cosas que quiere como si ya estuvieran alrededor suyo. Véase a sí mismo teniéndolas y usándolas. Haga uso de ellas en la imaginación justo como las usaría cuando estén en sus manos. Resida en su imagen mental hasta que sea clara y distinguible y luego tome la actitud mental de pertenencia hacia todo lo que está en esa imagen. Tome posesión de ésta, en mente, en la fe plena de que en verdad todo es suyo. Aférrese a esta posesión mental. No se pierda por un instante en la fe de que es real.

Y recuerde lo que se dijo en el capítulo anterior sobre la gratitud: esté agradecido por esto durante todo el tiempo que espere que todo tome forma. La persona que pueda agradecerle a Dios sinceramente por las cosas que hasta ahora tiene y que tiene en la imaginación, posee fe real. Éste se volverá rico. Causará la creación de lo que quiera.

No necesita rezar repetidamente por las cosas que quiere. No es necesario que se lo diga a Dios todos los días.

Su tarea es formular inteligentemente su deseo por las cosas que hacen su vida mejor, disponer este deseo en un todo coherente, y luego imprimir todo el deseo en la sustancia amorfa, la cual tiene el poder y la voluntad de darle lo que quiera.

No haga esta impresión al repetir una serie de palabras; hágalo manteniendo la visión con el firme PROPÓSITO de lograrlo y con la inalterable FE de que usted lo logrará.

La respuesta a la oración no va de acuerdo a su fe cuando *habla*, sino de acuerdo a su fe cuando *trabaja*.

No puede imprimir la mente de Dios al tener un día sabático para decirle lo que quiere y luego olvidarlo durante el resto de la semana. No puede imprimirlo al tener horas especiales para entrar en su closet y orar y luego descartar el asunto de su mente hasta que vuelva a ser la hora de orar.

La plegaria oral es lo suficientemente buena y tiene su efecto, especialmente sobre usted mismo, en clarificar su visión y fortalecer su fe, pero no son sus peticiones orales las que le consiguen lo que quiere. Para enriquecerse no necesita una "dulce hora de oración", necesita "orar sin cesar". Y *con orar me refiero a mantenerse firme a su visión, con el propósito de causar su creación en una forma sólida y la fe de que lo hará así.*

"Crea que las recibe"

Una vez haya formado claramente su visión, toda la materia se inclina en *recibir*. Cuando lo haya formado, es bueno hacer una afirmación oral, dirigirse a la suprema gratitud. Luego, a partir del momento debe, en la mente, recibir lo que pide.

Viva en una nueva casa, póngase ropas finas, móntese en un carro, váyase de viaje y confiadamente planee estupendos viajes. Piense y exprésese de las cosas que pidió en función del presente. Imagínese un ambiente y una condición financiera exactamente como los quiere, y viva todo el tiempo en ese ambiente mental y condición financiera hasta que tomen forma física.

Sin embargo, tenga cuidado de que usted no haga esto como un mero soñador y constructor de castillos en el aire. Aférrese a la FE de que lo imaginario se está realizando y a su PROPÓSITO de realizarlo. Recuerde que es la fe y el propósito en el uso de la imaginación lo que hace la diferencia entre el científico y el soñador.

Y habiendo aprendido este hecho, es aquí donde usted debe aprender el uso correcto de la voluntad.

CAPÍTULO 9
Cómo Usar la Voluntad

PARA EMPEZAR A VOLVERSE RICO DE UNA FORMA CIENTÍFICA, no necesita aplicar su poder de voluntad en cualquier otra cosa más que en usted.

De todas formas, no tiene el derecho para hacerlo de otra forma. Está mal aplicar su voluntad en otros hombres y mujeres para conseguir que hagan lo que usted quiere que hagan.

Es tan descaradamente equívoco forzar a la gente con el poder mental como lo es forzarlos con el poder físico.

Si se obliga a la gente hacer las cosas por usted, mediante la fuerza física, esto los reduce a la esclavitud, y obligarlos con el poder mental significa lograr exactamente lo mismo; la única diferencia son los métodos. Si arrebatar las cosas de la gente es robo, entonces arrebatar las cosas con el poder mental también es robo. No hay diferencia en el principio.

No tiene el derecho de usar su poder de voluntad sobre otra persona, ni siquiera "por el bien de él", porque usted no sabe qué es conveniente para él. La ciencia de volverse rico no requiere que aplique el poder de la fuerza sobre otra persona, de ninguna manera. No hay la ligera necesidad de hacerlo. En verdad, cualquier intento de usar su voluntad sobre los otros sólo derribará su propósito.

No necesita aplicar su voluntad sobre las cosas para obligarlas a venir a usted. Eso simplemente sería intentar forzar a Dios y sería tonto e inútil.

No tiene que obligar a Dios a darle cosas buenas, sería como usar el poder de la voluntad para hacer que salga el sol.

No tiene que usar su poder de voluntad para conquistar un dios antipático, o hacer que fuerzas tercas y rebeldes cumplan sus peticiones. La sustancia es su amiga y está más ansiosa de darle a usted lo que quiere que lo que debe recibir.

Para volverse rico, sólo necesita usar su poder de voluntad con *usted mismo*.

Cuando usted sepa qué pensar y qué hacer, debe entonces usar su voluntad en obligarse a sí mismo a pensar y hacer las cosas correctas. Ese es el uso legítimo de la voluntad en obtener lo que quiere – usarla para aferrarse al rumbo correcto.

Use su voluntad para mantenerse pensando y actuando de la forma correcta. No trate de proyectar su voluntad, sus pensamientos o su mente fuera del espacio sólo para "actuar" sobre las cosas o personas. Mantenga su mente en casa. Ésta puede lograr más allí que en cualquier otra parte.

Use su mente para formar una imagen mental de lo que quiere y mantenga esa visión con fe y propósito. Y use su voluntad para mantener su mente trabajando de la *forma correcta*.

Cuanto más firme y constante sea su fe y propósito, más rápidamente se volverá rico porque hará sólo impresiones POSITIVAS en la sustancia y no las neutralizará o desbalanceará con impresiones negativas.

La imagen de sus deseos, mantenida con fe y propósito, es ocupada por lo amorfo y la impregna a grandes distancias – por todo el universo, por todo lo que conocemos.

Mientras esta impresión se expande, todas las cosas son fijadas para que se muevan hacia su realización. Cada cosa viviente, cada cosa inanimada y las cosas que no han sido creadas se mueven para volverse lo que usted quiere. Todas las cosas comienzan a ser inducidas en esa dirección. Todas las cosas comienzan a moverse hacia usted. Las mentes de la gente en todas partes están influenciadas en hacer las cosas necesarias al cumplimiento de sus deseos y trabajan para usted, inconscientemente.

Pero puede comprobar todo esto al empezar una impresión negativa en la sustancia amorfa. Es tan cierto que la duda o la incredibilidad hace que todo se *aleje* de usted como la fe y el propósito le *acercan* todo. Es al no entender esto que la mayoría de la gente fracasa. Cada hora o momento que usted dedique en atender sus dudas y miedos, cada hora que usted gaste preocupándose, cada hora en que su alma esté poseída por la incredibilidad, fija una corriente de *alejamiento* en el reino de la sustancia inteligente. Todas las promesas están sobre aquellos que creen y sólo sobre ellos.

Dado que la fe es lo que importa, es necesario que guarde sus pensamientos, y como su fe será moldeada a una mayor extensión por las cosas que observe y piense, es importante que controle cuidadosamente a las cosas que usted le da importancia.

Y aquí entra en uso la voluntad, porque es a través de su voluntad que usted determina en qué cosas fijará su atención.

Si usted quiere volverse rico, no debe hacer un estudio de la pobreza.

Las cosas no se materializan pensando en sus opuestos. La salud nunca se alcanza al estudiar y pensar en enfermedades; la rectitud no se promueve estudiando y pensando en el pecado; y ninguno se enriqueció al estudiar y pensar en la pobreza.

La medicina como ciencia de enfermedades ha incrementado las enfermedades; la religión como ciencia del pecado ha promovido el pecado y la economía como estudio de la pobreza llenará al mundo con miseria y necesidad.

No hable de la pobreza, no la investigue o se preocupe por ésta. No le dé importancia a las causas que la originaron; no puede hacer nada al respecto.

Lo que le debe preocupar es la *cura*.

No gaste su tiempo en lo que se conoce como trabajo o movimientos caritativos; la mayoría de la caridad tiende a perpetuar la miseria que intenta erradicar. No digo que deba ser duro de corazón o cruel y rehusarse a escuchar el llanto de la necesidad, pero no debe llorar para erradicar la pobreza en cualquiera de las *formas convencionales*. Ponga la pobreza detrás suyo y todo lo que pertenezca a ésta, y "haga el bien".

Vuélvase rico. Esa es la mejor manera de ayudar al pobre.

No puede mantener la imagen mental de volverse rico si llena su mente con imágenes de pobreza y las enfermedades que trae. No lea libros o documentos que den cuentas circunstanciales de la miseria, de los horrores del trabajo infantil, etc. No lea nada que llene su mente con imágenes melancólicas de necesidad y sufrimiento.

Usted no puede ayudar a los pobres en lo más mínimo sabiendo estas cosas y el conocimiento ampliamente esparcido de ellas no tiende en lo absoluto a deshacerse de la pobreza.

Lo que tiende a deshacerse de la pobreza es no tener las imágenes de la pobreza en la mente, más bien tener imágenes de riqueza, abundancia y posibilidad dentro de las mentes de los pobres.

No está abandonando al pobre en su miseria cuando se rehúsa a permitirle a su mente llenarse de imágenes de esa miseria.

La pobreza se puede deshacer al no incrementar el número de personas de buen corazón que piensa en la pobreza, sino al incrementar el número de pobres que se propone con fe a volverse ricos.

Los pobres no necesitan caridad; necesita inspiración. La caridad sólo les da un pedazo de pan para mantenerlos vivos en su miseria o les da entretenimiento para hacerlos olvidar por una hora o dos. Pero la inspiración puede hacer que ellos surjan de su miseria. Si usted quiere ayudar a los pobres, demuéstreles que se pueden volver ricos. Pruébelo al enriquecerse usted mismo.

La única forma en que la pobreza será erradicada de este mundo es conseguir un gran y constantemente número creciente de gente que practique las enseñanzas de este libro.

A la gente se le debe enseñar cómo volverse rico a través de la creación, no con la competencia.

Cada persona que se vuelve rica con la competencia derriba la escalera que lo saca y mantiene a los otros abajo, pero cada persona que se vuelve rica por la creación, abre un camino para que los demás lo sigan – y los inspira a hacerlo.

No está mostrando dureza de corazón o una disposición cruel cuando se rehúsa a compadecer la pobreza, ver la pobreza, leer acerca de la pobreza, pensar o hablar sobre ésta, o escuchar a aquellos que sí hablan sobre ella. Use su poder de voluntad para mantener su mente APAGADA al tema de la pobreza y manténgala fija con la fe y el propósito SOBRE la visión de lo que quiere y va a crear.

CAPÍTULO 10
Uso Avanzado de la Voluntad

NO PUEDE MANTENER UNA VERDADERA Y CLARA VISIÓN DE LA RIQUEZA si está prestando constantemente atención a las imágenes opuestas, así sean externas o imaginarias.

No cuente sus problemas financieros pasados, si los tuvo. No piense en ellos. No hable de la pobreza de sus padres o de las dificultades de su vida. Hacer cualquiera de estas cosas es clasificarse mentalmente como pobre y cambiará ciertamente el movimiento de las cosas hacia usted. Ponga la pobreza y todas las cosas que pertenecen a ella detrás suyo.

Usted ha aceptado una teoría certera del universo como verídica y todas sus esperanzas de felicidad están puestas en ésta. ¿Qué puede ganar usted con prestar atención a teorías conflictivas?

No lea libros que le digan que el mundo está llegando a su fin o no lea los escritos de filósofos escandalizados y pesimistas que dicen que vamos hacia el demonio. El mundo no va hacia el demonio; está yendo a Dios. Es una maravillosa transformación.

Es verdad. Puede haber muchísimas cosas buenas en condiciones actuales que son desagradables, pero ¿qué caso tiene estudiarlas cuando ya están muriendo y cuando el estudio de éstas sólo tiende a desacelerar su muerte y las mantiene con nosotros? ¿Por qué darle tiempo y atención a las cosas que están siendo removidas por el crecimiento revolucionario, cuando usted sólo puede acelerar su remoción promoviendo el crecimiento evolutivo hasta donde su parte en éste va?

No importa todo lo horrible que parezcan ser las condiciones en ciertos países, secciones o lugares, usted desperdicia su tiempo y destruye sus propias posibilidades al residir en ellas.
Debería interesarse en el mundo que se está volviendo rico.

Piense en las riquezas a las que el mundo va en vez de la pobreza que está creciendo en otros lugares, y tenga en cuenta que la única forma en la cual puede ayudar al mundo a aumentar las riquezas es al enriquecerse usted mismo a través del método creativo y no el competitivo.

Póngale atención únicamente a las riquezas. No se concentre en la pobreza. Cuando piense o hable de los pobres, piense y hable de ellos como si se estuvieran volviendo ricos, como los que están siendo premiados en vez de castigados. Entonces, ellos y otros agarrarán la inspiración y comenzarán a buscar la salida.

Porque yo diga que debe darle todo el tiempo, mente y pensamiento a las riquezas, no significa que sea sórdido o malvado. Volverse realmente rico es la aspiración más noble que puede tener en su vida, porque incluye todo.

En el plano competitivo, la lucha por volverse rico es una pelea impía por el poder sobre los otros, pero cuando se trata de la mente creativa, todo esto cambia. Todo lo que sea posible en la manera de grandeza, de servicio y esfuerzo elevado, viene por la forma de enriquecerse, porque todo es posible por el uso de las cosas. Puede aspirar a nada más grande y valioso, repito, como volverse rico, y debe fijar su atención sobre su imagen mental de riqueza, a la exclusión de todo lo que pueda tender a oscurecer o nublar esa visión.

Alguna gente permanece en la pobreza porque son ignorantes del hecho de que hay riqueza para ellos y esto se puede enseñar mejor mostrándoles la forma de opulencia en su propia persona y práctica.

Otros son pobres porque, mientras que sienten que hay una salida, son demasiado indolentes intelectualmente para poner adelante el esfuerzo mental necesario para encontrar el camino y andar por éste.

Otros son todavía pobres porque, mientras tienen algo de noción de ciencia, se han empantanado y perdido en el laberinto de teorías, que no saben qué camino tomar. Prueban una mezcla de muchos sistemas y fracasan en todos. Para estas personas, la mejor forma de hacerlo es mostrándoles la forma correcta de su propio ejemplo y práctica.

La mejor cosa que puede hacer usted por el mundo es hacer lo mejor de usted mismo.

Puede servir a Dios y a la humanidad de ninguna manera más eficaz que enriqueciéndose; es decir, si se vuelve rico por el método creativo y no por el competitivo.

Otra cosa. Sostenemos que este libro da en detalle los principios de la ciencia de volverse rico, y si esto es verdad, no necesita leer cualquier otro libro sobre el tema. Esto puede parecer cerrado y egoísta, pero considere: no hay ningún otro método científico de computación en las matemáticas que la adición, sustracción, multiplicación y división; no hay ningún otro método posible. Sólo hay una mejor distancia entre dos puntos y es la más corta. Sólo hay una forma de pensar científicamente y es pensar de la forma que conduzca a la ruta más directa y simple para llegar al objetivo. Ninguno ha formulado aún un "sistema" más resumido o menos complejo que el que se propone aquí. Se ha tropezado en todo lo no fundamental. Cuando comience esto, aparte a todos los otros. Sáquelos a todos de su mente.

Lea este libro todos los días. Manténgalo con usted. Guárdelo en la memoria y no piense en ningún otro "sistema" y teorías. Si lo hace, comenzará a tener dudas y a estar inseguro y a fluctuar en su pensamiento, y comenzará a fracasar. Después de que haya hecho lo correcto y se haya vuelto rico, puede estudiar todos los otros sistemas tanto como quiera.

Y lea sólo los comentarios más optimistas de las noticias del mundo – esos que están en armonía con su imagen creada. No chapotee en la teosofía, espiritismo o estudios afines. Talvez los muertos aún viven y están cerca, pero si es así, déjelos en paz; preocúpese de sus propias cosas.

Dondequiera que los espíritus de los muertos estén, tienen su propio trabajo por hacer y no tenemos el derecho de interferir con ellos. No podemos ayudarlos y es muy improbable que nos puedan ayudar, incluso si tenemos algún derecho de traspasar a su espacio. Deje a los muertos y al más allá en paz y resuelva su propio problema: volverse rico. Si usted comienza a mezclarse con lo oculto, comenzará un cruce de corrientes que seguro harán naufragar sus esperanzas.

Este y los capítulos anteriores nos han llevado a las siguientes afirmaciones de hechos básicos:

Hay una materia pensante de la cual todas las cosas se hacen y la cual, en su estado original, impregna, penetra y llena los intersticios del universo.

Un pensamiento en esta sustancia produce el objeto que es imaginado por el pensamiento.

Una persona puede formar cosas en sus pensamientos y, al imprimir su pensamiento en la sustancia amorfa, puede causar el objeto que pensaba crear.

Para hacer esto, una persona debe pasar de la mente competitiva a la mente creativa; se debe formar una imagen mental de las cosas que quiere y mantener esta imagen en sus pensamientos con el firme PROPÓSITO de obtener lo que se quiere y la FE inquebrantable de que se obtiene lo que se quiere, cerrando su mente contra todo lo que pueda tender a quebrantar su propósito, nublar su visión o extinguir su fe.

Y además de esto, veremos ahora que se debe vivir y actuar de la forma correcta.

CAPÍTULO 11
ACTUANDO DE LA MANERA CORRECTA

EL PENSAMIENTO ES EL PODER CREATIVO o la fuerza propulsora que hace que el poder creativo actúe.

Pensar de una forma correcta le traerá riquezas, pero no debe basarse solamente en el pensamiento, dejando de lado la acción personal. Esa es la base en la que muchos pensadores científicos se encuentran con el fracaso – el fracaso de conectar el pensamiento con la acción personal.

No hemos alcanzado aún el estado de desarrollo, inclusive suponiendo que tal estado sea posible, en el que una persona pueda crear directamente de la sustancia amorfa sin el proceso de la naturaleza o el trabajo de las manos humanas. Una persona debe no sólo pensar sino que su acción personal debe complementar su pensamiento.

Con el pensamiento puede hacer que el oro en el corazón de las montañas sea traído a usted, pero no será extraído, refinado ni acuñado por ambos lados por sí solo, ni vendrá rodando buscando la forma de entrar en sus bolsillos.

Bajo el poder de movimiento del espíritu supremo, los negocios de la gente están tan ordenados que alguien será guiado para extraer el oro por usted. Las transacciones de los negocios serán dirigidas para que el oro llegue a usted. Y usted debe tener su propio negocio para que sea capaz de recibirlo cuando llegue. Su pensamiento hace que todas las cosas, animadas e inanimadas, trabajen para traerle lo que quiere, pero su propia actividad personal debe ser tal que pueda recibir justamente lo que quiere cuando llegue a usted. No debe tomarlo como caridad ni robarlo. Debe darle a cada hombre más en valor de uso de lo que él le da en valor monetario.

El uso científico del pensamiento consiste en formar una clara y nítida imagen mental de lo que quiere, aferrándose a su propósito de tener lo que quiere y materializando con gran fe que usted sí recibirá lo que quiere.

No trate de "proyectar" su pensamiento de una forma misteriosa ni oculta, con la idea de hacerlo salir y hacer cosas por usted. Eso es un desperdicio de esfuerzo y debilitará su poder para pensar sanamente.

La acción del pensamiento para volverse rico se explica claramente en los capítulos anteriores: su fe y propósito imprimen positivamente su visión sobre la sustancia amorfa, la cual tiene *el mismo deseo de más vida de la que usted tiene*, y esta visión, recibida de usted, pone toda las fuerzas creativas a trabajar *dentro y a través de sus canales regulares de acción*, pero dirigidas a usted.

No es su tarea guiar o supervisar el proceso creativo. Todo lo que tiene que hacer es retener su visión, aferrarse a su propósito y mantener su fe y gratitud.

Pero debe *actuar de la forma correcta* para que pueda apropiarse de lo que es suyo cuando venga a usted y así pueda encontrar las cosas que tiene en su imagen y ponerlas en los lugares correctos a medida que llegan.

Puede ver realmente la verdad de esto. Cuando las cosas lleguen a usted, estarán en las manos de otros, quienes le pedirán un equivalente por ellas. Y sólo puede tener lo que es suyo al darle a la otra persona lo que es legalmente de él.

Su monedero no se va a transformar en una bolsa de la fortuna, que siempre estará llena de dinero sin esfuerzo suyo.

Este es el punto crucial en la ciencia de volverse rico – justo aquí, donde el pensamiento y la acción personal deben ser combinadas. Hay muchísima gente que, consciente o inconscientemente, ponen las fuerzas creativas en acción con la fuerza y persistencia de sus deseos, pero que permanece pobres porque no dan para recibir las cosas que quieren cuando éstas vienen.

Con el pensamiento, lo que quiera es traído a usted. Con la acción, lo recibe. Cualquiera sea su acción, es evidente que debe actuar AHORA. No puede actuar en el pasado, y es esencial para la claridad de su imagen mental que saque el pasado de su mente. No puede actuar en el futuro, porque el futuro todavía no ha llegado. Y no puede decir cómo quiere actuar en una eventualidad del futuro hasta que esa eventualidad haya llegado.

Porque no esté en el negocio o ambiente correcto ahora, no piense que debe posponer la acción hasta que encuentre el negocio o ambiente correcto. Y no gaste tiempo en el presente, pensando en cómo va a resolver emergencias futuras; tenga fe en su habilidad de enfrentar las emergencias cuando lleguen.

Si usted actúa en el presente con su mente en el futuro, su acción presente será con una mente dividida y no será efectiva. Ponga su mente en el presente.

No le dé su impulso creativo a la sustancia original y luego siéntese a esperar los resultados. Si lo hace, nunca obtendrá nada. Actúe ahora. No hay mejor momento que el ahora. Si quiere alistarse para recibir lo que quiere, debe comenzar AHORA.

Y su acción, cualquiera que sea, probablemente deba ser en su negocio o empleo actual y sobre las personas y cosas en su ambiente actual. No puede actuar donde no está, no puede actuar donde ha estado y no puede actuar donde va a estar. Puede actuar sólo donde está.

No se moleste con que si el trabajo de ayer estuvo bien hecho o no; haga el trabajo de hoy bien.

No trate de hacer el trabajo de mañana ahora; habrá tiempo suficiente de hacerlo cuando le toque.

No trate, por medios ocultos o místicos, actuar sobre la gente o cosas que están fuera de su alcance.

No espere un cambio del ambiente antes de actuar; tenga un cambio de ambiente con la acción.

Usted puede actuar sobre el ambiente en el que está ahora, como para hacer que lo transfieran a un mejor ambiente.

Mantenga con fe y propósito la visión de usted mismo en un mejor ambiente, pero actúe sobre su ambiente presente con todo su corazón y con todas sus fuerzas y mente.

No gaste tiempo en soñar de día o construir castillos en el aire; manténgase en la visión de lo que quiere y actúe AHORA.

No se lance buscando una cosa nueva qué hacer o alguna acción extraña, inusual o remarcable para hacer como primer paso para volverse rico. Es probable que sus acciones, al menos por un poco de tiempo, serán las mismas que ha hecho en el pasado, pero debe empezar a hacer estas acciones de una forma correcta, lo cual seguramente lo volverá rico.

Si usted está en algún negocio y siente que no es el apropiado para usted, no espere a que encuentre el correcto para empezar a actuar.

No se sienta desanimado o se lamente porque está en el lugar incorrecto como para que no pueda encontrar lo apropiado y nadie está involucrado en el negocio incorrecto como para no conseguir el correcto.

Mantenga la visión de usted mismo en el negocio apropiado, con el propósito de llegar a él y la fe de que *llegará* a él y que lo *está* haciendo, pero ACTÚE en su negocio actual. Use su negocio actual como medio para conseguir uno mejor y use su ambiente actual como medio para llegar a uno mejor. Su visión del negocio correcto, si se mantiene con fe y propósito, hará que el poder supremo lo mueva hacia el negocio correcto. Y su acción, si se hace de la forma correcta, hará que se mueva hacia ese negocio.

Si es un empleado o un asalariado y siente que debe cambiar de lugar para tener lo que quiere, no "proyecte" su pensamiento en el espacio y confíe en éste para que le consiga otro trabajo, probablemente fracasará en hacerlo.

Mantenga la visión de usted mismo en el trabajo que quiere mientras ACTÚA con fe y propósito en el trabajo que tiene y ciertamente conseguirá el trabajo que quiere. Su visión y fe pondrán a la fuerza creativa en movimiento para traérselo, y su acción hará que las fuerzas en su propio ambiente lo muevan al lugar que quiere. Cerrando este capítulo, agregaremos otra afirmación a nuestro resumen:

Hay una materia pensante de la cual todas las cosas se hacen y la cual, en su estado original, impregna, penetra y llena los intersticios del universo.

Un pensamiento en esta sustancia produce el objeto que es imaginado por el pensamiento.

Una persona puede formar cosas en sus pensamientos y, al imprimir su pensamiento en la sustancia amorfa, puede causar el objeto que pensaba crear.

Para hacer esto, una persona debe pasar de la mente competitiva a la mente creativa; se debe formar una imagen mental de las cosas que quiere y mantener esta imagen en sus pensamientos con el firme PROPÓSITO de obtener lo que se quiere y la FE inquebrantable de que se obtiene lo que se quiere, cerrando su mente contra todo lo que pueda tender a quebrantar su propósito, nublar su visión o extinguir su fe.

Así que para que pueda recibir lo que quiera cuando venga, una persona debe actuar AHORA sobre la gente y las cosas en su ambiente actual.

CAPÍTULO 12
La Acción Eficiente

DEBE USAR SU PENSAMIENTO COMO SE INDICÓ en los capítulos anteriores y comenzar a hacer lo que pueda hacer donde se encuentre, y debe hacer TODO lo que pueda donde está.

Sólo puede avanzar siendo más grande que su lugar actual y nadie es más grande que su lugar actual cuando se deja el trabajo perteneciente a ese lugar sin hacer.
El mundo avanza sólo para aquellos que llenan plenamente su lugar actual.

Si nadie llena plenamente su lugar actual, puede ver que hay un retroceso en todo.

Aquellos que no llenan plenamente sus lugares actuales son peso muerto en la sociedad, gobierno, comercio e industria. Ellos deben ser llevados por otros a un gran costo. El progreso del mundo se desacelera sólo por aquellos que no llenan su lugar. Pertenecen a una era antigua y su tendencia es hacia la degeneración. Ninguna sociedad podría avanzar si todos fueran más pequeños que su lugar; la evolución social es guiada por la ley de la evolución física y mental.

En el mundo animal, la evolución es causada por el exceso de vida. Cuando un organismo tiene más vida de lo que puede expresar en las funciones de su propio plano, desarrolla los órganos de un plano superior y se origina una nueva especie.

No hubiese habido nuevas especies sino no fuera por los organismos que llenaron plenamente sus lugares. La ley es exactamente la misma para usted:
volverse rico depende de su aplicación de este principio a su propio negocio.

Cada día puede ser exitoso o un fracaso, y son los días de éxitos los que le traen lo que quiere. Si cada día es un fracaso nunca podrá volverse rico, mientras que si cada día es un éxito, no puede fracasar en volverse rico.

Si hay algo que pueda ser hecho hoy y no lo hace, usted ha fracasado en lo que a ese trabajo se refiere – y las consecuencias pueden ser más desastrosas de lo que usted imagina.

Usted no puede prever los resultados incluso del caso más trivial. No conoce los funcionamientos de todas las fuerzas que han sido puestas en marcha a su favor. Mucho puede depender de lo que se haga en un simple acto, y puede ser eso mismo lo que abra la puerta de las oportunidades a muchísimas posibilidades. Nunca sabrá todas las combinaciones que la inteligencia suprema está haciendo por usted en el mundo de las cosas y de los asuntos humanos. Su negligencia o fracaso en hacer alguna simple acción puede causar un gran retraso en la obtención de lo que quiere.
Haga, todos los días, TODO lo que pueda hacer ese día.

Hay, sin embargo, una limitación o calificación de lo anterior, que debe tener en cuenta.

No debe trabajar en exceso, ni afanarse ciegamente dentro de su negocio en tratar de hacer el mayor número de cosas posibles en el menor tiempo posible.

No debe intentar hacer el trabajo de mañana hoy, ni hacer el trabajo de una semana en un día. Realmente no es el número de cosas que haga, sino la EFICIENCIA de cada acción la que cuenta.

Cada acto es, en sí mismo, un éxito o fracaso.

Cada acto es, en sí mismo, efectivo y eficiente o ineficaz e ineficiente.

Cada acto ineficiente es un fracaso y si se pasa la vida haciendo actos ineficientes, toda su vida será un fracaso. Cuanto más cosas haga, peor para usted – si todos sus actos son ineficientes.

Por otro lado, cada acto eficiente es un éxito total y si cada acto de su vida es eficiente, toda su vida *será* un éxito.

La causa del fracaso es hacer muchísimas cosas de una forma ineficiente y no hacer lo suficiente de una forma eficiente.

Verá que es una propuesta auto-evidente si usted no hace ningún acto ineficiente y si hace un número suficiente de actos eficientes, se volverá rico. Si es posible que haga de cada acto algo eficiente, verá de nuevo que la obtención de riquezas se reduce a una ciencia exacta, al igual que las matemáticas.

La cuestión gira, ahora, a la pregunta de si puede hacer de cada acto un éxito. Esto ciertamente lo puede hacer. Puede hacer de cada acto un éxito, porque TODO el poder está trabajando con usted y TODO el poder no fracasa.

El poder está a su servicio y para hacer cada acto eficiente sólo tiene que poner poder en esto.

Cada acción es fuerte o débil y cuando una acción es fuerte, está actuando de la forma correcta que lo hará rico.

Cada acto puede hacerse fuerte y efectivo manteniendo su visión mientras lo hace y poniendo todo el poder de su FE y PROPÓSITO en éste.

Es en este punto que la gente que separa el poder mental de la acción mental fracasa. Usan el poder de la mente en un lugar y tiempo, y actúan de otra forma, en otro lugar y en otro tiempo. Así que sus actos no son exitosos; también, mucho de ellos son ineficientes. Pero si TODO el poder va en cada acto, no importa qué tan común sea, cada acto será un éxito. Y puesto que es la naturaleza de las cosas que cada éxito abra el camino a otros éxitos, su progreso hacia lo que usted quiere y el progreso de lo que quiere hacia usted, se volverá cada vez más rápido.

Recuerde que la acción exitosa es acumulativa en sus resultados. Puesto que el deseo de más vida es inherente en todas las cosas, cuando una persona comienza a moverse hacia más cosas, más cosas se unen a él y la influencia de este deseo es multiplicada.

Haga, cada día, todo lo que pueda durante ese día y de una forma eficiente.

Al decir que debe mantener su visión mientras hace cada acto, ya sea trivial o común, no quiero decir que sea necesario todo el tiempo ver la visión claramente de sus más mínimos detalles. Debe ser el trabajo de sus horas de descanso el que use para imaginar los detalles de su visión y contemplarla hasta que esté fija en su memoria. Si desea resultados rápidos, emplee prácticamente todo su tiempo libre en esta práctica.

Con la contemplación continua obtendrá una imagen fija firmemente de lo que quiere – incluso hasta los más mínimos detalles – en su mente y completamente transferida a la mente de la sustancia amorfa, que en sus horas de trabajo sólo necesitará referirse mentalmente a la imagen para estimular su fe y propósito y hacer que su mejor esfuerzo sea puesto en esto.

Contemple su imagen en las horas de descanso hasta que su conciencia esté tan llena de ésta que pueda captarla instantáneamente. Se volverá tan entusiasta con sus promesas que el mero pensamiento de éstas atraerá las energías más fuertes de todo su ser.

Repitamos de nuevo nuestro resumen y al cambiar ligeramente las afirmaciones finales, llegaremos al punto que hemos alcanzado.

Hay una materia pensante de la cual todas las cosas se hacen y la cual, en su estado original, impregna, penetra y llena los intersticios del universo.

Un pensamiento en esta sustancia produce el objeto que es imaginado por el pensamiento.

Una persona puede formar cosas en sus pensamientos y, al imprimir su pensamiento en la sustancia amorfa, puede causar el objeto que pensaba crear.

Para hacer esto, una persona debe pasar de la mente competitiva a la mente creativa; se debe formar una imagen mental clara de las cosas que quiere y debe hacer – con fe y propósito – todo lo que pueda hacer ese día, haciendo cada cosa por separado de una manera eficiente.

CAPÍTULO 13
Entrando en el Negocio Correcto

EL ÉXITO, EN CUALQUIER NEGOCIO EN PARTICULAR, depende en primer lugar, en un estado bien desarrollado, de las aptitudes requeridas que usted posea en ese negocio.

Sin buena aptitud musical ninguno puede triunfar como maestro de música. Sin aptitudes matemáticas bien desarrolladas ninguno puede alcanzar gran éxito en cualquiera de las ramas de las matemáticas. Sin tacto y las aptitudes comerciales ninguno puede triunfar en una profesión mercantil. Pero tener, en un estado bien desarrollado, las aptitudes requeridas en su vocación particular no le asegura que se vuelva rico. Hay músicos que tienen un talento notable y que son pobres. Hay herreros, carpinteros y mucha más gente que tienen excelente habilidad mecánica, pero que no son ricos. Y hay comerciantes con buenas habilidades para negociar con la gente que, sin embargo, fracasan.

Las diferentes aptitudes son herramientas. Es esencial tener herramientas, pero también es esencial que estas herramientas sean utilizadas en la forma correcta. Uno puede tomar una sierra filosa, una escuadra, un buen plano, etc., y construir un hermoso mueble. Otro hombre puede tomar las mismas herramientas y ponerse a trabajar para duplicar este artículo, pero su producción es desastrosa. No sabe cómo usar estas buenas herramientas de una manera correcta.

Las diferentes aptitudes de su mente son herramientas con las cuales debe hacer el trabajo que lo vuelve rico. Así será más fácil para usted triunfar si entra en el negocio para el cual usted está bien equipado con las herramientas mentales.

Generalmente, le irá mejor en el negocio en que deba usar sus aptitudes más fuertes – el único para el cual está "mejor dotado". Pero también hay limitaciones para esta afirmación. Nadie debe considerar su vocación como irrevocablemente fija por las tendencias con que nació.

Usted puede enriquecerse en CUALQUIER negocio, porque si usted no tiene ese talento, puede desarrollarlo.

Simplemente significa que tendrá que conseguir las herramientas a medida que avanza, en vez de confinarse al uso de aquellas con que nació. Será más FÁCIL para usted triunfar en una vocación para la cual ya tiene los talentos de una manera bien desarrollada; pero PUEDE triunfar en cualquier vocación, porque puede desarrollar cualquier talento rudimentario, y no hay talento del que no tenga, al menos, lo rudimentario.

Se volverá rico más fácilmente en términos de esfuerzo, si hace todo para lo cual fue mejor equipado, pero se volverá rico más satisfactoriamente si hace lo que QUIERE hacer.

Hacer lo que quiere hacer es vida y no hay ninguna satisfacción real en vivir si estamos compilados a ser por siempre algo que no nos gusta hacer y nunca hacer lo que queremos hacer. Y es cierto que puede hacer lo que quiera hacer. El *deseo* es prueba de que tiene dentro suyo el poder que lo *puede* hacer.
El deseo es la manifestación del poder.

El deseo por tocar música es el poder de ser capaz de tocarla buscando expresión y desarrollo. El deseo de inventar aparatos mecánicos es el talento mecánico buscando expresión y desarrollo.

Donde no hay poder, desarrollado o subdesarrollado, por hacer una cosa, nunca habrá el deseo de hacer esa cosa; y donde hay un fuerte deseo de hacer algo, es prueba fehaciente de que el poder de hacerlo es fuerte y requiere ser desarrollado y aplicado de la forma correcta.

De todas las otras cosas que son iguales, es mejor seleccionar el negocio para el cual tenga los talentos más desarrollados, pero si tiene un fuerte deseo en comprometerse en cualquier línea particular de trabajo, debería seleccionar ese trabajo como la meta final a la que quiere llegar.

Puede hacer lo que quiera hacer y es su derecho y privilegio de seguir el negocio o la vocación que sea más afín y agradable. No está obligado a hacer lo que no quiera hacer y no debería hacerlo a menos que lo lleve a hacer las cosas que quiere hacer.

Si hay errores pasados cuyas consecuencias lo han situado en un negocio o ambiente no deseado, podría estar obligado por un tiempo a hacer lo que no le gusta hacer, pero puede hacer que la ejecución de esto sea placentera al saber que le será posible llegar a hacer lo que quiere hacer.

Si siente que no está en la vocación correcta, no actúe a la carrera tratando de entrar en otra. La mejor forma, generalmente, para cambiar de negocio o ambiente es con el crecimiento.

No se asuste por hacer un cambio radical y de repente si la oportunidad se presenta y siente que, después de pensarlo cuidadosamente, es el momento correcto, pero nunca tome acciones radicales o repentinas cuando tenga dudas de la madurez de hacerlo.

Nunca hay prisa en el plano creativo y no hay falta de oportunidad.

Cuando salga de la mente competitiva entenderá que nunca necesitará actuar precipitadamente.

Nadie le va a quitar lo que quiere hacer; hay suficiente para todos. Si un espacio es tomado, otro y mejor será abierto para usted un poco después; hay muchísimo tiempo. Cuando tenga duda, espere. Recuéstese en la contemplación de su visión e incremente su fe y propósito. De todas formas, en tiempo de dudas e indecisión, cultive gratitud.

Un día o dos gastados en contemplar la visión de lo que quiere y en gratitud ferviente que lo conseguirá, hará que su mente entre en tal relación estrecha con lo supremo, que no cometerá errores cuando actúe.

Hay una mente que conoce todo lo que hay por conocer y usted puede entrar en unidad íntima con esta mente por la fe y el propósito de avanzar en la vida, si usted tiene profunda gratitud.

Los errores vienen de actuar apresuradamente o de actuar con miedo, duda u olvido del motivo correcto, el cual es más vida a todos y menos a ninguno.

Mientras vaya por el camino correcto, las oportunidades vendrán en número creciente y necesitará estar muy firme en su fe y propósito, y mantenerse en contacto estrecho con la mente suprema por medio de la gratitud profunda.

Haga todo lo que pueda de manera perfecta todos los días, pero hágalo sin prisa, preocupación o miedo. Vaya tan rápido como pueda, pero nunca se afane.

Recuerde que en el momento en que empiece a afanarse, deja de ser un creador y se convierte en un competidor.
Será devuelto al plano antiguo.

Cuandoquiera que se afane, haga un alto. Fije su atención en la imagen mental de lo que quiere y comience a dar gracias por poder obtenerlo. El ejercicio de la GRATITUD nunca fallará al fortificar su fe y renovar su propósito.

CAPÍTULO 14
La Impresión de Incremento

INDEPENDIENTE DE SI CAMBIA SU VOCACIÓN O NO, sus acciones en el presente deben ser las que pertenezcan al negocio en el que está comprometido ahora.

Puede entrar en el negocio que quiere al hacer uso constructivo del negocio en el que ya está establecido – al hacer su trabajo diario de la forma correcta.

Y sin importar que su negocio consista en tratar con otras personas, ya sea personalmente o por correo, el pensamiento clave de todos sus esfuerzos debe estar en transmitirles a sus mentes la *impresión de incremento*.

El incremento es lo que todos los hombres y mujeres buscan; es la urgencia de la inteligencia amorfa dentro de ellos buscando expresión plena.

El deseo de incremento es inherente en toda la naturaleza; es el impulso fundamental del universo. Todas las actividades humanas están basadas en el deseo de incremento. La gente busca más comida, más ropa, mejor techo, más lujo, más belleza, más conocimiento, más placer – el incremento en algo, más vida.

Cada cosa viviente está bajo esta continua necesidad de avance; donde el incremento de cesaciones de vida, disolución y muerte llegan enseguida.

El hombre instintivamente conoce esto, y, por consiguiente, está buscando siempre más. Esta ley del incremento perpetuo fue fijada por Jesús en la parábola de los talentos: Porque al que produce se le dará más y tendrá en abundancia, pero al que no produce se le quitará hasta lo que tiene.

El deseo normal de riqueza incrementada no es un demonio ni algo reprensible. Es simplemente el deseo de una vida más abundante. Es aspiración.

Y porque es el instinto más profundo de su naturaleza, todos los hombres y mujeres son atraídos a aquellos que puedan darles más de los medios de la vida.

Al seguir la forma correcta como se describió en las páginas anteriores, está consiguiendo incremento continuo para usted mismo y le está dando a todos con quienes negocia.

Usted es un centro creativo del cual el incremento se reparte a todos.

Esté seguro de esto y transmita seguridad del hecho a cada hombre, mujer y niño con quien entre en contacto. No importa cuan pequeña sea la transacción, así sea la venta de una barra de dulce a un niñito, ponga en esto el pensamiento de incremento y asegúrese de que el cliente está impreso con el pensamiento.

Transmita la impresión de avance con cada cosa que haga, para que toda la gente reciba la impresión de que usted es una "personalidad de progreso" y de que avanzan todos los que tratan con usted. Incluso a la gente que conoce en una forma social – sin ningún pensamiento de negocio y con los que no les trata de vender algo – déles el pensamiento de incremento.

Puede transmitir la impresión al mantener una fe firme de que usted mismo está en el camino del incremento y al permitir que esta fe inspire, llene e impregne cada acción.

Haga todo lo que hace con la firme convicción de que usted es una personalidad de progreso y de que está dando progreso a todos.

Sienta que se está volviendo rico y también haciendo ricos a otros y confiriendo beneficios en todos.

No se jacte o alardee del éxito ni hable de éste innecesariamente; la verdadera fe nunca es arrogante.

Dondequiera que encuentre una persona arrogante, encuentra a alguien que es inseguro y miedoso. Simplemente sienta la fe y déjala trabajar en cada transacción. Deje que cada acto, tono y mirada exprese la silenciosa seguridad de que se está volviendo rico – de que usted ya es rico. Las palabras no serán necesarias para comunicar este sentimiento a otros. Percibirán el sentido de incremento dentro de su presencia y de nuevo volverán a usted.

Debe imprimir tanto a los demás, que así sentirán, que en asociación con usted, obtendrán incremento para ellos mismos. Véase dándoles un valor de uso mayor que el valor monetario que toma de ellos.

Tome un orgullo honesto al hacer esto y deje que todos lo sepan, y no le escasearán los clientes.

La gente irá a donde se les dé incremento, y lo supremo, que desea incremento en todos y que conoce a todos, le traerá los hombres y mujeres que nunca han escuchado de usted. Su negocio crecerá rápidamente y se sorprenderá de los beneficios inesperados que vendrán hacia usted. Será capaz de hacer, día a día, combinaciones mayores, mayores beneficios seguros y seguirá en una vocación más apropiada si así lo desea.

Pero al hacer esto, nunca debe perder de vista su visión de lo que quiere o la fe y propósito de tener lo que quiere.

Déjeme darle aquí otra advertencia con respecto a los motivos: tenga cuidado con la tentación tendenciosa de buscar poder sobre los demás.

Nada es tan placentero para la mente inmadura o parcialmente desarrollada que el ejercicio de poder o dominio sobre los otros. El deseo de gobernar por propia gratificación, ha sido la maldición del mundo. Por incontables épocas los reyes y señores empaparon la tierra con sangre en sus batallas para extender sus dominios – no para buscar más vida para todos, sino para tener más poder para ellos mismos.

Hoy día, el principal motivo en el mundo comercial e industrial es el mismo:

los hombres juntan sus ejércitos de dólares y arruinan las vidas y corazones de millones en el mismo desorden maniático por tener poder sobre los demás.

Los reyes comerciales, como los reyes políticos, están inspirados por la lujuria del poder. Prestan atención a la tentación de buscar autoridad, para volverse "amos", para que sean considerados como los que están por encima de los demás, para impresionar a los demás con el despliegue de lujos, etc.

La mente que busca gobernar sobre los otros es la mente competitiva, y la mente competitiva no es creativa. Para gobernar su ambiente y su destino, no hay necesidad de regir sobre su socio, y, en verdad, cuando cae en la lucha del mundo por posiciones más altas, comienza a ser conquistado por el destino y el ambiente, y su obtención de riquezas se vuelve cuestión de suerte y especulación.

¡Tenga cuidado de la mente competitiva! Ninguna afirmación puede ser mejor formulada que la declaración de la última "Regla de Oro" de Jones de Toledo: "Lo que quiero para mí, lo quiero para los demás".

CAPÍTULO 15
La Personalidad de Progreso

LO QUE DIJE EN EL ÚLTIMO CAPÍTULO APLICA tanto para una persona profesional y un asalariado como para una persona que se ocupa de vender o de cualquier otra forma de negocio.

No importa si es un médico, un maestro o un clérigo, si puede darle incremento de vida a los demás y hacerlos sensibles de esta verdad, serán atraídos hacia usted y se volverá rico. El médico que mantiene la visión de sí mismo como un gran y exitoso sanador y que trabaja hacia la realización completa de esa visión con fe y propósito, como se describió en los capítulos anteriores, entrará en tal estado íntimo con la fuente de la vida que será fenomenalmente exitoso; los pacientes vendrán a él por montones.

Nadie tiene mejor oportunidad de llevar a cabo las enseñanzas de este libro que el practicante de medicina. No importa a cual de las escuelas pertenezca, el principio de la sanación es común en todas ellas y puede ser alcanzado por cualquiera indiscriminadamente. El "hombre de progreso" en la medicina, quien tiene la imagen mental de sí mismo como exitoso, y que obedece todas las leyes de la fe, propósito y gratitud, curará cada caso curable que emprenda.

En el campo de la religión, el mundo pide a gritos el clérigo pueda enseñar a sus oyentes la verdadera ciencia de la vida abundante. El que maneje los detalles de la ciencia de volverse rico, junto con las ciencias aliadas del bienestar, nunca le faltará una congregación. Este es un evangelio que el mundo necesita; que dará incremento de vida y la gente lo escuchará gustosamente y dará amplio apoyo a la persona que se los traiga.

Lo que se necesita ahora es una demostración de la ciencia de vida del púlpito. Queremos predicadores que no sólo nos digan el cómo, sino que en sus propias personas nos muestren el cómo. Necesitamos al predicador que se vuelva a sí mismo rico, saludable, grande y amado para que nos enseñe a alcanzar estas cosas, y cuando venga encontrará seguidores numerosos y fieles.

Lo mismo es verdadero para el maestro que pueda inspirar a los niños con la fe y el propósito de la vida de progreso. Nunca estará "en la calle y sin trabajo". Y cualquier profesor que tenga esta fe y propósito puede darlo a sus pupilos. No puede ayudar a pasárselo a otros si no es parte de su propia vida y práctica.

Lo que es verdad para un profesor, predicador y médico es verdad para el abogado, odontólogo, agente de bienes raíces, agente de seguros – para todos.

La acción mental y personal combinadas que he descrito es infalible; no puede fallar. Cada hombre y mujer que siga estas instrucciones firmemente, perseverantemente y al pie de la letra, se volverá rico. La ley del incremento de vida es una certeza matemática en su operación como la ley de la gravedad. Volverse rico es una ciencia exacta.

El asalariado encontrará esto tan verídico en su caso como los otros aquí mencionados. No crea que no tiene ninguna oportunidad de volverse rico porque esté trabajando donde no hay oportunidad visible de progreso, donde los salarios son pequeños y el costo de vida alto. Forme su imagen mental clara de lo que quiere y comience a actuar con fe y propósito.

Haga todo el trabajo que pueda, todo el día, y haga cada pieza de trabajo de una manera perfectamente exitosa.

Ponga el poder del éxito y el propósito de volverse rico en todo lo que haga.

Pero no haga esto meramente con la idea de "lamber" a su empleador, con la esperanza de que él o los que están por encima de usted, vean su buen trabajo y progreso. No es probable que lo vean.

La persona que es sencillamente un "buen trabajador", llenando su lugar al máximo con su habilidad y satisfacción, es valiosa para su empleador y no es el interés del jefe ascenderla. Es valiosa donde está.

Para asegurar el avance, se necesita algo más que ser mucho para su puesto.

La persona que ciertamente va a avanzar es la que es demasiado grande para su puesto, que tiene un claro concepto de lo que quiere ser, que sabe que se va a convertir en lo que quiere ser y que está decidida a SER lo que quiere ser.

No intente más que llenar su puesto actual con una perspectiva que complazca a su empleador. Hágalo con la idea de avanzar usted mismo. Mantenga la fe y propósito de ascenso durante las horas de trabajo, antes y después de trabajar. Manténgala de tal forma que cada persona que entre en contacto con usted, ya sea el jefe, compañero de trabajo o amigo, sentirá el poder del propósito irradiando de usted – así todos tendrán el mismo sentido de avance e incremento de parte suya. La gente será atraída a usted y si no hay posibilidad de avance en su trabajo actual, pronto verá la oportunidad de cambiar de trabajo.

Hay un poder que nunca falla al presentar oportunidades a la personalidad de progreso que se mueve en obediencia hacia la ley. Dios no lo puede ayudar si no actúa de la forma correcta. Debe hacerlo así para ayudarse a sí mismo.

No hay nada en sus circunstancias o en la situación industrial que pueda mantenerlo en el piso. Si no puede volverse rico trabajando para los consorcios del acero, tal vez pueda volverse rico trabajando en una granja de 10 acres. Y si comienza a moverse en el camino correcto, seguramente escapará de los "agarres" de la industria del acero y se embarcará en la granja o en lo que quiera estar.

Si unos pocos miles de sus empleados entran en el camino correcto, el consorcio del acero estará en graves aprietos. Tendría que darles a sus empleados más oportunidades o salirse del negocio. Nadie tiene que trabajar para una gran compañía. Las grandes compañías pueden mantener a las personas en lo que se conoce como condiciones desesperantes sólo mientras haya gente ignorante de la ciencia de enriquecerse o demasiado perezosa intelectualmente para practicarla.

Comience esta forma de pensar y actuar y su fe y propósito harán que vea rápidamente cualquier situación para mejorar su condición. Tales oportunidades vendrán precipitadamente, porque el supremo poder, trabajando en todo y trabajando para usted, las traerá ante usted.

No espere que una oportunidad venga con *todo* lo que quería ser. Cuando una oportunidad de ser más de lo que usted es actualmente se presente y se sienta impulsado hacia ésta, tómela. Será el primer paso hacia oportunidades mayores.

No hay tal cosa en este universo como la falta de oportunidades para la persona que está viviendo la vida de progreso.

Es inherente en la constitución del cosmos que todas las cosas deban estar allí para esa persona y trabajar para su bien, y debe volverse rica si actúa y piensa de la forma correcta. Así que deje que los asalariados estudien este libro con mucho cuidado y entre en confianza con el curso de acción que éste prescribe. No fallará.

CAPÍTULO 16
Algunas Advertencias y Observaciones Finales

MUCHA GENTE SE BURLARÁ DE LA IDEA de que hay una ciencia exacta para volverse rico. Manteniendo la impresión de que el suministro de riqueza es limitado, insistirán que las instituciones sociales y gubernamentales deben cambiar antes de que algún número considerable de gente pueda, si quiera, adquirir una aptitud.

Pero eso no es verdad.

Es verdad que existen gobiernos que mantienen a las masas en la pobreza, pero esto es porque las masas no piensan ni actúan de la forma correcta.

Si las masas comenzaran a moverse hacia delante como se sugirió en este libro, ningún gobierno ni sistema industrial los detendría; todos los sistemas deben ser modificados para acomodar el movimiento del progreso.

Si la gente tiene la mente del progreso, tiene la fe de que se pueden volver ricos y se mueven hacia delante con el fijo propósito de volverse ricos, nada posible puede mantenerlos en la pobreza.

Los individuos pueden entrar en el camino correcto a cualquier momento y bajo cualquier gobierno, y hacerse ricos. Y cuando cualquier número considerable de individuos lo hace así bajo cualquier gobierno, harán que el sistema sea modificado para abrir el camino a otros.

Cuanta más gente se vuelva rica en el plano competitivo, peor será para los otros. Cuanta más gente se vuelva rica en el plano creativo, peor será para los otros.

La salvación económica de las masas puede ser solamente alcanzada al conseguir un número mayor de gente que practique el método científico expuesto en este libro y se vuelvan ricos. Esto le mostrará a los demás el camino y los inspirará con un deseo de vida real, con la fe que se puede lograr y con el propósito de lograrlo.

Por ahora, sin embargo, es suficiente conque sepa que ningún gobierno bajo el cual viva, ni el capitalismo o sistema competitivo de la industria puede evitar que se vuelva rico. Cuando entre en el plano creativo del pensamiento, se alzará sobre todas estas cosas y se volverá un ciudadano de otro reino.

Pero recuerde que su pensamiento debe mantenerse en el plano creativo. Nunca, ni por un instante, crea que la fuente es limitada o actúe en el nivel moral de la competencia.

Cuandoquiera que caiga en estas viejas formas de pensar, corríjase inmediatamente. Porque cuando está en la mente competitiva, ha perdido la cooperación de la mente suprema.

No gaste tiempo en planear cómo enfrentará las posibles emergencias en el futuro, excepto cómo las políticas necesarias pueden afectar sus acciones hoy. Preocúpese en hacer el trabajo de hoy de una manera perfectamente exitosa y no con las emergencias que puedan aparecer mañana. Podrá ocuparse de ellas a medida que aparezcan.

No se preocupe con preguntas de cómo deba sobrepasar los obstáculos que puedan amenazar su horizonte comercial a menos que pueda ver claramente que su curso deba ser alterado ahora para evitarlos.

No importa cuan tremenda pueda parecer una obstrucción, usted se dará cuenta que si va por el camino correcto, ésta desaparecerá a medida que se aproxime, o que un camino sobre, debajo, a través o alrededor de ésta aparecerá.

Ninguna combinación posible de circunstancias puede derrotar a un hombre o mujer que está procediendo a volverse rico a lo largo de líneas estrictamente científicas. Ningún hombre o mujer que obedezca la ley puede fracasar al intentar volverse rico, como si uno multiplicara dos por dos y fallara al obtener cuatro.

No piense ansiosamente en posibles desastres, obstáculos, miedos o combinaciones de circunstancias poco favorables. Hay suficiente tiempo para enfrentar esas cosas cuando se presenten ante usted en el presente inmediato, y se dará cuenta que cada dificultad lleva consigo los medios para sobrepasarla.

Guarde su discurso. Nunca hable de usted, sus negocios o cualquier otra cosa en una forma desalentadora.

Nunca admita la posibilidad de fracaso o hable en una forma que infiera al fracaso como una posibilidad.

Nunca hable de los tiempos difíciles o las condiciones comerciales como algo incierto. Los tiempos pueden ser duros y los negocios inciertos para aquellos que están en el plano competitivo, pero nunca lo serán para usted.

Puede crear lo que quiera y estar por encima del miedo.

Cuando los otros tengan tiempos difíciles y negocios pobres, usted encontrará las oportunidades más grandes.

Acostúmbrese a pensar y a mirar al mundo como algo que se está convirtiendo, que está creciendo y a lo que parece malvado, como algo que está subdesarrollado. Siempre hable en términos de progreso. Hacer lo contrario es negar su fe y negar su fe es perderla.

Nuca se sienta decepcionado. Puede esperar tener una cosa en cierto momento y no obtenerla en ese instante, y le parecerá un fracaso. Pero si usted se aferra a su fe, encontrará que el fracaso es sólo aparente.

Siga por el camino correcto y si no recibe ese objeto, recibirá algo mejor que lo hará ver que el aparente fracaso es un gran éxito.

Un estudiante de esta ciencia había puesto su mente en hacer cierta combinación comercial, la cual le parecía muy atractiva en ese momento, y trabajó por algunas semanas para alcanzarla. Cuando el tiempo crucial llegó, el negocio fracasó de una forma perfectamente inexplicable. Fue como si una influencia oculta hubiese estado trabajando secretamente contra él. Pero no se decepcionó. Por el contrario, le agradeció a Dios que su deseo hubiese sido denegado y siguió firmemente con una mente agradecida. Unas semanas más tarde, una oportunidad mucho mejor llegó y no tenía que hacer ni siquiera la primera transacción en ninguna cuenta, y vio que una mente que sabía más que él lo había prevenido de perder mucho más al enredarse con poco.

Esa es la forma en que cada fracaso aparente trabajará por usted, si mantiene su fe, se aferra a su propósito, tiene gratitud, etc. y haciendo – cada día – todo lo que pueda hacerse ese día, haciendo cada acto por separado de una manera exitosa.

Cuando fracase, será porque no pidió lo suficiente. Siga adelante y algo mejor vendrá a usted. Recuerde siempre esto.

No fracasará porque le falte el talento necesario para hacer lo que desea. Si sigue como le he indicado, desarrollará todo el talento que se necesita para hacer su trabajo.

No está dentro del propósito de este libro tratar la ciencia de cultivar talento, pero es tan certera y simple como el proceso de enriquecerse.

Sin embargo, no dude ni vacile por miedo de que llegará a determinado lugar y fracasará por la falta de habilidad. Continúe y cuando llegue a ese lugar, la habilidad le será facilitada. La misma fuente de habilidad que le permitió al inexperto Lincoln hacer el mayor trabajo en el gobierno jamás realizado por un solo hombre, está abierta para usted. Puede extraer todo el conocimiento que quiera para usarlo en enfrentar las responsabilidades que se le han encomendado. Siga con fe plena.

Estudie este libro. Hágalo su constante compañía hasta que haya dominado todas las ideas contenidas en éste. Mientras se esté estableciendo firmemente en esta fe, le hará bien renunciar a muchas recreaciones y placeres y permanecer lejos de sitios donde las ideas conflictivas a estas se dan en lecturas y sermones. No lea literatura pesimista o conflictiva, o entre en argumentos sobre el tema.

Gaste la mayoría de su tiempo de ocio en contemplar su visión, cultivar gratitud y leer este libro. Éste contiene todo lo que necesita saber de la ciencia de volverse rico, y encontrará todo lo esencial resumido en el siguiente capítulo.

CAPÍTULO 17
Resumen de la Ciencia de Volverse Rico

HAY UNA MATERIA PENSANTE DE LA CUAL TODAS LAS COSAS SE HACEN y la cual, en su estado original, impregna, penetra y llena los intersticios del universo.

Un pensamiento en esta sustancia produce el objeto que es imaginado por el pensamiento.

Una persona puede formar cosas en sus pensamientos y, al imprimir su pensamiento en la sustancia amorfa, puede causar el objeto que pensaba crear.

Para hacer esto, una persona debe pasar de lo competitivo a la mente creativa. De lo contrario no puede estar en armonía con la inteligencia amorfa, que es siempre creativa y nunca competitiva en espíritu.

Una persona puede entrar en completa armonía con la sustancia amorfa al recrear una gratitud vívida y sincera por las bendiciones que se le otorgan. La gratitud unifica la mente del hombre con la inteligencia de la sustancia, para que los pensamientos del hombre sean recibidos por lo amorfo. Una persona puede permanecer en el plano creativo sólo al unirse con la inteligencia amorfa a través de un sentimiento profundo y continuo de gratitud.

Una persona debe formar una imagen mental clara y definida de las cosas que desea tener, hacer o ser, y debe mantener esta imagen en sus pensamientos, mientras está profundamente agradecido con lo supremo porque todos sus deseos se le concederán. La persona que desee volverse rica debe gastar sus horas de ocio en contemplar su visión, y con profundo agradecimiento de que en verdad se las darán. No se le puede poner mucho estrés a la importancia de la contemplación frecuente de la imagen mental; acóplese con una fe inquebrantable y devota gratitud. Este es el proceso mediante el cual la impresión se da a lo amorfo y las fuerza creativas se ponen en movimiento.

La energía creativa trabaja a través de los canales establecidos del crecimiento natural, y del orden industrial y social. Todo lo que se incluya en esta imagen mental será traído a la persona que siga las instrucciones dadas arriba, y cuya fe no se quiebre. Lo que quiere vendrá a él a través de los caminos de la industria y comercio establecidos.

Para recibir lo que es propio cuando esté listo para llegar a él, una persona debe estar en acción de una manera que lleve a más que llenar su lugar actual. Debe tener en cuenta el propósito de enriquecerse a través de la realización de su imagen mental. Y debe hacerlo, cada día, todo lo que se pueda hacer ese día, teniendo cuidado de hacer cada acto de una manera exitosa. Debe darle a cada persona un valor de uso en exceso que el valor monetario que recibe, para que cada transacción haga más vida, y debe mantener el pensamiento de progreso para que la impresión del incremento sea comunicada a todos con quien entre en contacto.

Los hombres y mujeres que practiquen las instrucciones anteriores se volverán ciertamente ricos, y las riquezas que reciban serán en proporción exacta a la definición de sus visiones, la estabilidad de su propósito, la firmeza de su fe y la profundidad de su gratitud.